インターネットが普及したら、ぼくたちが原始人に戻っちゃったわけ

小林弘人
柳瀬博一

晶文社

カバー画

園山俊二
©そのやま企画／ぴえろ

ブックデザイン

木継則幸　荒井幸子
（インフォバーン）

まえがき

本書のタイトルは、『インターネットが普及したら、ぼくたちが原始人に戻っちゃったわけ』である。

なぜ、原始人？

本書が届いた書店の方々も困るかもしれない。この本は、いったいどの棚に置けばいいのだ？　人類学？　インターネット？　それとも漫画？

では、本書に何が書いてあるのか――というと、まさにタイトルそのまんま、なのである。

インターネットが普及して、携帯電話だのスマートフォンだのを誰しもが持つようになって、ほとんどの人がネットでつながった。すると、人間のふるまいは「原始人のようになっちゃった」のだ。

正確に言えば、インターネットによって、私たちは自らが「原始人」であることを思い出した。

そもそも、我々人間は、昔も今も「ほぼ原始人」である。マンモスを追いかけていた数万年前とDNAレベルで比べたら、およそ何も変わっていない。ホモ・サピエンスが登場した20万年前まで遡っても、ほとんど進化していない。

原始時代から時代を経て変わったのは人間ではない。

人間が積み上げてきた「文明」である。

原始時代、人間は数十人からせいぜい百人単位の小集団で暮らしていた。動物を狩ったり、魚をつかまえたり、木の実や貝などを採集しながら。

数千年前、農業が生まれた。農業は、それまでの狩猟採集生活とは比べ物にならないほどたくさんの人の胃袋を計画的に満たすことができる。人間の集団は百人単位から数千、数万と膨れていった。貧富の差が生まれ、権力者が生まれ、ピラミッド型組織が作られ、国家が誕生した。工業が発達し、巨大企業が台頭し、現代の国家と経済と社会ができあがった。

そして20世紀の終わり。インターネットが生まれた。メールやブログやSNSが派生した。携帯電話が、スマートフォンが世に満ちた。

するとどうだろう。私たちは、これまで文明が積み上げてきた巨大な組織の裏側で、原始時代に立ち返ったかのような「小さな村」をいくつもいくつも作り始めたのである。

え、そんな村、見たことないぞ、とおっしゃるあなたもたぶん「小さな村」の村民である。それもひとつやふたつではない。いくつもの村に属しているはずだ。インターネットを介して。SNSを駆使して。スマホを片手に。

仕事の村。趣味の村。地域の村。家族親戚の村。飲み会の村。お稽古ごとの村。ママ友の村。人には言えないあんな村こんな村……。

そう、原始時代と現代が異なるのは、一人ひとりが所属できる「村」の数である。原始時代、一人の人間が所属できる村は物理的にひとつだった。それがインターネットのおかげで、私たちは複数の「村」に所属できるようになった。

ネットを介して、スマホを通して、私たちは毎日いくつものヴァーチャルな村を行き来している。仕事をこなし、学生生活を謳歌し、趣味の世界に生き、地域活動に従事し、子どもの受験に悩み、彼氏彼女と週末の予定を立て、田舎の友人たちの消息を確かめ合う。

国家や大企業のような巨大組織は、言ってしまえば農業文明の延長でできあがったものである。その巨大組織からは見えないかたちで、21世紀、無数の小さな村が誕生している。

そして、私たちは、原始時代の「小さな村」で活動するほうが、細かく分業が進んだ巨大組織の中で役割を押し付けられるより、心地よさを感じている。そして、さまざまな成果を出しつつある。

プラスの側面で言えば、ビジネスの世界、ＮＰＯの世界、趣味の世界、地域社会の世界で……。マイナスの側面でいえば、反社会的な世界、テロやカルトや非合法ビジネスの世界で……。

インターネットは、私たちを「巨大組織の中で生きる現代人」から「小さな村で活動する原始人」に先祖返りさせた。ただし、それは退化ではない。むしろヴァージョンアップである。私たちは「原始人２・０」なのだ――。

本書は、そんないささか荒唐無稽な「仮説」をもとに、編集者あがりのメディア企業の社長と広告コンテンツ屋がダベった本である。

相方の小林弘人氏の名前を見て、本書を手に取った人は多いと思う。

１９９０年代、インターネット黎明期に米国の『ワイアード』誌の日本版編集長に任命され、「小林編集長＝こばへん」の異名をとり、メディア事業会社インフォバーンを立ち上げると、２０００年に雑誌『サイゾー』を創刊（２００７年に事業売却）、『フリー』や『シェア』、『ＭＡＫＥＲＳ』などウェブ文化の予言書とも言うべき翻訳書の監修を次々と務め、いくつものウェブメディアの立ち上げを行い、企業のウェブ広告やＰＲの世界に先進的なマーケティング手法をもたらし、最近では、誰もが自分や家族のフィギュアをつくれるよう、３Ｄスキャンとアプリやウェブへの３Ｄデータ配信サービスを展開する、なんというか「生きたインターネットビジネス」みたいな人である。

そのこばへん氏に、２００７年、私はプロデューサーを務めている『日経ビジネス オンライン』にて「誰でもメディア宣言」という連載をお願いした。

まだ、フェイスブックやツイッターが日本に上陸するはるか前、スマートフォンが影も形もない頃、こばへん氏は開口一番「インターネットが普及すると、個々の人間がみんなメディアになる！」と看破したのであった。予言は当たった。その後のＳＮＳの台頭とスマホの普及で、誰もが気軽に情報を受発信する時代があっという間に到来した。

本書は、こばへん氏の予言「誰でもメディア宣言」の続きにあたる。誰もがメディアになる時代が到来したら、人々は、社会は、ビジネスは、どうなるんだろう？　という疑問に対する考察である。

私はただの（元）編集者にすぎない。よって、無責任で適当な仮説をでっちあげる係である。その無責任で適当な仮説をこばへん氏に「ねえ、どう思う？」とぶつけると、「それはね」と、最新事例とともに明快なる解答がたちどころに返ってくる。

本書は、2人のそんなクエッション＆アンサーで主に構成されている。盛り込んだ内容はてんでんばらばら。メディアの話が多いけれど、ビジネス、社会、趣味にいたるまで、その都度思いついた話をとめどもなく。

インターネットが登場してしばらく、世界はネットによってフラットになる、と信じられていた。たしかに、インターネットは世界をつないだ。そしてフラットになった。けれども、それは途中経過にすぎなかった。あらゆる人間がインターネットを介してつながったら、人々はフラットにつながりながら、一方で、ネット上に小さな集団を作り始めた。さらにウェブ空間から飛び出して、現実世界でも「村」のようなコミュニティを作る動きも現れた。

インターネットとスマホを持った原始人である我々は、そんな新・原始時代をどう歩けばいいのだろう。どこに属すればいいのだろう。どこで働けばいいのだろう。何を頼りにすればいいのだろう。

本書を「ガイドブック」代わりに使っていただければ幸いである。読んだせいで、迷子になるかもしれないけど。

2015年1月　柳瀬博一

インターネットが
普及したら、
ぼくたちが
原始人に
戻っちゃったわけ

目次

第4章 デザインを制する者が市場を制す

第1章

ウェブとSNSで世界は「原始時代」に戻った？

SNSの発展でいまや世界は「ギャートルズ」の時代に

柳瀬　えーと、冒頭に本書の「仮説」を申し上げましょう。それは、「ウェブやITが進化して、世界中がフラットになったら、なんと現実の人々の振る舞いは原始時代に戻っちゃった」ってこと。

小林　そう。そのココロは、これからじっくり話していこうよ。

柳瀬　インターネットが発達して、フェイスブックやツイッターのようなSNS（ソーシャル・ネットワーク・サービス）が普及して、みんながスマートフォンを持つようになって、世界中がつながったら、場所も時間も飛び越えられる。どこに住んでもいいし、どこで働いてもいい。実際に一時はノマドなんて言葉も流行った。

小林　ほとんどの人は遊牧民より、身近なコミュニティの構成員、つまり村民だけどね。

柳瀬　ところが、そんなスーパーフラットな技術を手に入れた人々は、コンパクトなコミュニティをネット上で作り始めて、そのうちネットから飛び出て、リアルに出会ったり呑んだりしゃべったり仕事をしたり遊ぶ道を選び始めている。ネットが普及したのに、全然フラットじゃないし、グローバルでもない。じゃあそのような、言わば「〈原始時代2・0〉時代のビジネスモデル」って、どんなものか。原始時代の村みたいなコミュニティと、ウェブでつながったフラットな世界の関連性、俺たちはいったいどこに住んで、どこで働いて、どこで生きればいいのか……てなことを、ウェブ黎明期から日本人のデジタル利用に寄り添ってきた小林弘人さん＝こばへんと考えていきます。

まず最初のトピックとしては、先に僕が触れた「ウェブやITの進化によって、いまや世界は原始時代に戻った」という事実についてお話しいたしましょう。きっかけは、フェイスブックやツイッターのようなSNSの発展と、スマートフォンの普及、だよね。それが、なぜ原始時代に戻っちゃったのか？　まずはそこから考えてみよう。

小林　じゃあ、この本の表紙に園山俊二さんの『はじめ人間ギャートルズ』を使う前提で話すね（笑）。あの漫画の中では登場人物も少ないいし、顔の見える範囲が自分の把握している世界のすべてだった。

柳瀬　俺たちは、スマホを持った原始人、ギャートルズ2・0ってわけか（笑）。従来のマスメディアで考えると、たとえば大手新聞ならば1社で100万人単位、テレビならば1000万人を超す人々を相手にするビジネスだった。それがギャートルズの時代ってことは、コミュニケーションする相手の人数が10人とか、せいぜい100人とか……。インターネット時代の企業やメディアのコミュニケーションの規模は、そんな「村」のサイズに戻っている——？

小林　厳密には「戻っている」わけじゃない。これまで通り、たとえば「新しい製品が出た」みたいな新しい認知をすり込むために、その村にスピーカー（拡声器）があるとする。そのスピーカーが「何を放送するか」というところでは、そうした旧来的なコミュニケーションは依然としてあるわけ。だけど、今はそういう「放送」が多チャンネルで、まさに放送だらけになってしまい、さらには「どの放送が本当なのか」とか「あれ、実際に使ってみたらどうだった」みたいな感想を、個々の村人たちが言い出し始め、しかも今度はそれらがまたも放送されちゃうようになってしまった。言わば現在は、そういう状況であると。

柳瀬　従来のマスメディアは、テレビ局でもラジオ局でも新聞でも雑誌でも、視聴者や読者に一方的に情報を流してきた。それが2000年代前半、ブログなどが登場して、一般の人々が自らウェブ上で情報発信できるようになった。

小林　いわゆる「ウェブ2・0」だね。

柳瀬　ちょうどその頃、2000年代半ばから後半、これからは誰もがメディアになっちゃうぞ、と、日経ビジネスオンラインで『誰でもメディア宣言』(★1)という連載もあった。著者は、こばへん氏です（笑）。で、さらにSNSが2000年代半ばに登場し、iPhoneをはじめスマートフォンが普及すると、誰もがもはや呼吸をするように、ウェブ上でつぶやき始めた。

小林　そうそう。最初は匿名掲示板の書き込みも「トイレの落書き」呼ばわりから始まったよね。黎明期の頃は実際そんなものだったんだけど、ユーザーが増えた瞬間、一段階ステージが上がる。仮に本当に落書きだったとしても、伝播の仕方は落書き以上のものになってしまう。受け手もウブだから。

柳瀬　ここがポイントだけど、SNS×スマホの普及で、人々の個人的なコミュニケーションが「メディア的なコンテンツ」に結果としてなっちゃう、という大変化が生まれたわけですね。テキストのみならず会話や個人の撮った写真や映像までも、放送や映像配信の形でメディア化する。

小林　つまり「拡声器を使って流していた人たち」よりも先に、イベントの第一

★1
日経ビジネスオンラインの連載『誰でもメディア宣言』は、後にバジリコより『新世紀メディア論』として単行本化。出版・メディア関係者に衝撃を与えた一冊。

THE NEXT MEDIA
新世紀メディア論
新聞・雑誌が死ぬ前に
before the paper media dies
小林弘人
KOBAYASHI HIROTO

発見者になったならば、もうその場で動画を撮って、即ネット上に流すことが可能になった。スマホの普及がこれに拍車をかけたよね。さらにツイッターのようなマイクロメディアで、それについての情報がリアルタイムで流れていくので、もはや「拡声器」で放送される前にそれが広まっている可能性もある。繁華街に暴走車が突っ込んだとか、高速道路で火災が起きたとかの大きな事故があったときでも、ツイッターのタイムラインでまず知って、後になってからテレビのニュースでも流れているのを見る、みたいな状況になってしまったのがいま。そこで各メディアの役割は変わってしまった。

柳瀬　新橋の飲み屋で酔っぱらってくっちゃべっていたことや、電話で友達と話していた内容が、今ではツイッターやフェイスブックでコミュニケーションすると、それがネット上にコンテンツとなって放流される。人々のコミュニケーションが表に出てきてメディア化しちゃう。コンビニの冷蔵庫に入っちゃったバカ男子大学生がツイッターで炎上、なんていうのも、昔だったら飲み会での「武勇伝」でおしまい。だけど、個人の武勇伝がメディア化すると、大学を退学するハメになったりする。

小林　しかもそれが、発言者と直接の面識がなくても検索やソーシャルメディア上で引っかかってしまうため、ローカルから全国ネタに格上げされた。

柳瀬　「人々のコミュニケーションがそのまんまメディアになる」「小さな村の中の噂話」がコンテンツになる——で、次は何が起きる？

小林　「小さな会話」というところでは、以前までは匿名掲示板に代表されるように、「誰が書いたか分からない。でも、本当らしい（笑）」とか、信頼性という点ではあやしいレベルだった。ところがフェイスブックの場合、今度はある程度「顔の見える」コミュニケーションになりつつあって、信頼性がやや担保されるようになった。それでもゴミみたいな情報が流れているのは事実で、「ほお、感心しました」なんて皆言っていて、もっとタチ悪いけどね（笑）。

ただ、そのような情報リテラシーの問題とは別に、顔が見える友人が情報のゲートキーパーになるということは、過去のメディアの潮流にはなかった。いわゆる「自分のソーシャルグラフ」(★2)としての友達関係の中で、たとえば柳瀬さんが「あそこの焼肉屋おいしかった！」とつぶやいたとする。「あ、彼とはしょっちゅう焼肉を食べに行ってるし、たしかに彼が紹介してくれるお店はおいしいね」と。だったら「彼が言っているあのお店もおいしいにちがいない」という、そういうコミュニケーションや情報伝達が急激に拡大しつつある。これも目線レベルだよ。

★2
ソーシャルグラフ：ウェブ上での人間の交友関係、つながり、結びつき。

柳瀬　つまり、人々は、「友達の情報」を「見ず知らずのマスマディアのご達見」よりも優先し始めるわけだ。今のこばへんの話を実証する本が2つある。ひとつは、ポール・アダムスという、フェイスブックのプロデューサーが書いた『ウェブはグループで進化する――ソーシャルウェブ時代の情報伝達の鍵を握るのは「親しい仲間」』(★3)。インターネット上で、人々はどうやって状況判断をしたり、製品を買ったり、サービスを判断しているかということが書いてあって、この本によれば、8割方が「5人から10人の自分の親しい友達のコミュニケーション」で得た情報を信用しているんだって。

小林　でしょ。

柳瀬　まさにこばへんが「柳瀬の勧める焼肉屋だったらうまいから、一度行ってみるか」という判断を、有名焼肉評論家のメディア上での発言よりも8割方が信じちゃう、という話と同じです。で、もう1冊はイギリスの進化生物学者ロビン・ダンバーの『友達の数は何人?――ダンバー数とつながりの進化心理学』(★4)。人間が「友達」として認識できる人数の上限は脳のサイズと機能から150人程度まで。実際、原始時代、村のサイズが150人を超えると2つの村に分かれたりした。インターネットでの行動って脳みそと直結するから、ある意味で人間の

★3
『ウェブはグループで進化する』ポール・アダムス、日経BP社

★4
『友達の数は何人?――ダンバー数とつながりの進化心理学』ロビン・ダンバー、インターシフト

本性が生で出てくる。あらゆる人がつながれるようになると、無限につながっちゃうんじゃなくて、むしろ原始時代の人付き合いの規模に近くなる。数人の家族的コミュニティを最小単位として、１５０人くらいの村サイズが最大の単位に。これって、フェイスブックなんかでのやりとりを見ていても、そう思うね。

小林　そうなると、旧来的なメディアの情報はどうなるか？「拡声器から流れてくる、一応焼肉評論家とされている人物が紹介している内容には、もしかすると宣伝や広告が含まれているかもしれない」というふうに疑い出す人も多くなってきたわけ（笑）。まあ、そこまで疑い深い人たちばかりではないけど、メディアのお勧めは「村のウワサ」の起点となり、逆に「村のウワサ」をメディアが終点として取りあげる循環構造になっているね。それは「大資本vs俺の友人」というフラットなメディア競合状態でもある。

雑誌や新聞よりも〝高感度な友達〟

柳瀬　こばへん自身はいま、マスメディア、見てる？

小林　夜のニュースだけだね。グーグルニュースとSNSで事足りてる。自分自身、過去に月刊誌を何誌も立ち上げたりしたけど、いま雑誌はほとんど買わない。

柳瀬　『ワイアード日本版』から『サイゾー』までいくつも雑誌を立ち上げて、「こばへん＝小林編集長」の異名を持つことになった男が、雑誌を買わない！　だめじゃん！　買おうよ！

小林　わたしが買っていないくらいだから、雑誌を作っている人はけっこう大変だと思うんだよね。それを言ったら、新聞も購読してない。朝フェイスブックを立ち上げると、自分の友達が勝手にニュースをつぶやいてくれるんだけど、重要なニュースって、だいたい自分のそのタイムラインで当たりがつく。あとはグーグルニュースで情報全般を調べ、キュレーションメディアに自分の嗜好を覚えさせて偏った情報を受信するみたいな（笑）。

基本的には大きな出来事が起きた時、特に速報系とかは、だいたいフェイスブックのタイムラインで知ることができる。それから「偏っている」とはいえ、集まっている人たちの専門性が高いので、情報の深度で言えば〝深い〟。まあ、メディア人が周りに多いから、自分の場合は特殊なんだろうけれど。あえてそういう人たちを友達リストに人選しているので、普通にメディアを見ていても出てこない話がタイムライン上に出てくる。特に海外の話とか専門分野についてはね。

柳瀬　海外の情報をネット上で拾ってくるのにも、友達のキュレーションというかセレクションをワンクッション入れているケースが多い、と。たしかに僕もそうです。アメリカの友人が拾ってきてツイッターやフェイスブックに上げた記事を読むことが多い。

小林　そこで「あ、こいつ編集長やったら面白いんじゃないか？」という友達を選ぶのがコツだよね。

柳瀬　つまりそんなネット上の目利きの友達が「マイ編集長」になるわけだ。

小林　だからフェイスブックの「友達」は誰でもいいわけじゃない。「友達申請してきたら、みんなOK！」という人もいるかもしれないけど、たぶんそうすると集まってくる情報はゴミばかりになる。

柳瀬　SNSを利用するというのは、実は「自分の好みの編集長選びでもある」と。

小林　メディア的な観点からはそういう選び方をしたほうがいい。本当に親しい友達と、別にくだらない話もするけどね……。

フェイスブックのタイムラインに表示される順番って、自分との関係性が高い人がハイライトというところに残されるように設計されているんだよね。フェイスブックが思想的に考えていることって、たぶん「関係性の強度に比して人は影響を受ける」ということで、そこでの関係というのは人と人とのつながり。フェイスブック以降、情報は露出量じゃなく、〝強弱〟になったというのがわたしの持論だけど。

柳瀬　フェイスブックの場合「この人とのつながりは、ほかの人よりも高そうだな」というと、フェイスブックのアルゴリズムが優先的に表示を上げていく。たしかに使っていると、自分にとってかなり重要度の高そうな情報を積極的に表示している、ような気もする（笑）

小林　エッジランクというアルゴリズムがあって、それでコントロールしている。その仕様も公開されているんだよね。

柳瀬　フェイスブックの作ったそういうシステムの上で、我々はかなり新しい形のコミュニケーションを、しかも一見ギャートルズの時代と同様、小集団のグループの中でやっている。

小林　そうそう。最先端テクノロジーの上で、ピー子ちゃんやゴリラのドテチンとメディア空間を形成している。

友達力は「情報伝達の作法」から

柳瀬　ただ、友達のキュレーションに頼ってばかりだとまずい場合もあるんじゃない？　だって、もし高感度な人間が友達にいなかったとすると、その人の情報摂取能力、ものすごく低下しちゃうと思うんだけど。

小林　そこはソーシャルグラフ、つまり実際の友達関係の読み込みだけじゃなくて、ヨソも使えばいいよ。たとえば今や多くのウェブメディアも全部フェイスブックと連携しているので、自分のお気に入りのメディアのフェイスブックページがあったら、そこで「いいね！」を押しておけば、そこからのフィードで記事が流れてくるようになる。だから単純に友達関係だけではない、自分の好きなメディアもひとりの友達に見立てることで、信頼できる情報源を摂取することは可能なわけ。

柳瀬　たしかに、マスメディア自身がSNS上で個人同様につぶやいている。読者は自分の趣味趣向に合ったマスメディアをフォローすれば、ちゃんと情報は手元に届く、ということですね。『日経ビジネス オンライン』もフェイスブックページを作って、3万9000人が登録している。毎日フェイスブックのタイムライン上に情報をどんどん流している。フェイスブックやツイッターのユーザーからすると、「友達」の書き込みと、『日経ビジネス オンライン』の書き込みは等価なんだね。

小林 認知のさせ方についてはもはや等価になっていると思うね。その意味では情報の摂取の仕方そのものが変わってしまったんだよ。

柳瀬 大ベストセラーになったダイヤモンド社の『もし高校野球の女子マネージャーがドラッカーの『マネジメント』を読んだら』の元担当編集者で、独立されて「ピース・オブ・ケイク」という会社を創業した加藤貞顕さんがやっている〈ケイクス〉(★5)ってウェブマガジン、有料なんだけど、1週間で150円と購読料も比較的安い。その〈ケイクス〉って、これでもかというぐらいコンテンツを並べていて、堀江貴文さんもいれば、津田大介さんもいれば、写真家の青山裕企さんもいれば、茂木健一郎さんもいる一方で、ちきりんさんみたいなブロガーもいれば、イギリス在住のメイロマさんとか、編集者の岡田育さんとか、いろんなジャンルの人がいろんなジャンルの寄稿をしている。ビジネスも、エッセイも、エロも、写真も、マンガもあり。これらのコンテンツが、『嫌われる勇気』『ゼロ』

★5
ケイクス
https://cakes.mu/

『ニコニコ哲学』のようなベストセラーも生み出している。

面白かったのは、従来ならば、たとえばウェブマガジンを作る時に読者ターゲットを絞るために、ＩＴ系とか、カルチャー系とか、サブカル系って括りを作っていたでしょう。だけど〈ケイクス〉はバラバラだ。なぜ？と思って実際に有料読者になってみて分かったのは、ケイクスってロック・フェスなのね。「会期中通しのチケットを買って、好きなところを3、4曲聴ければいい」という感じ。

さらに寄稿者ほぼ全員に共通しているのは、年配の人でも若い人でも、ツイッターやフェイスブックで「友達力の強い人」なのね。個別にみんな客を呼べちゃう。〈ケイクス〉のブランドと寄稿者のブランドが等価。なるほど、ウェブ時代の媒体設計だな、と。

そこで話を戻すと、たとえば具体的に情報力のある友達がこういうメディアの中心になった時に、その〈ケイクス〉における友達力みたいなものをビジネスにうまく転換するには、どういった工夫が考えられます？

小林　人々の会話に己のコンテンツを差し込む技かな？　それは「**大声じゃない**」ってこと。今までのマスメディアの拡声器って、大声だった。でも友達と会話している時に拡声器が放送しだしたら「うるさいよ！」って思うじゃない。つまり、会話を妨げちゃいけないよ。あと、えらそうなのもＮＧ（笑）。

柳瀬　従来のマスメディアのコンテンツの拡散方法は基本的に「大声」だよね。テレビにしても新聞にしても。番組にしても広告にしても。ネット上では、「大声」は届かないどころか、聞かれなくなっちゃう可能性がある。

小林　そうね。だからこそ目線が――こそこそ話かひそひそ話か分からないけど――話している人たちと同じレベルで、しかもその会話にうまく入っていくような情報伝達の方法が重要になってきた。

柳瀬　話している内容もさることながら、話し方の作法の部分が重要。大声を上げない。大きく見せない。もちろんウソをつかない。

小林　もちろん中身も大切なのは前提なんだけど。結局のところ、コミュニケーションのほとんどは、自分のレピュテーション（世評、評判、評価）のコントロールじゃないかと。

柳瀬　ネット上での「見た目」や「身だしなみ」に気をつけろ、と。

小林　「こういう本を読んだよ」とか「こういうものを食べたよ」というレベルのことを書くにしても、さほど戦略的じゃないにせよ、ある程度は気づかないうちに自己評価のレピュテーションを誰でもコントロールしているんだよ。女子がアップする〝すっぴんメイク〟だって、ツケマやカラコンしてるし、角度も考えてる（笑）。だから、そこにうまく入りこむのに「俺が、俺が！」とか「この商品最高！」とかゴリ押しするのは難しい。

メディアや広告は、こう変わる

柳瀬　このまま行くと、メディアの「形」ってどう変わる？

小林　今までのメディアの形はパッケージ型だったわけね。たとえば紙の雑誌だと「何ページに何の企画がある」という、いわゆる台割と言われる設計図に則って作られていた。同様に、放送もやっぱり枠があって、時間の尺の中でジングルが流れてトークが入って全体は30分に収めて……みたいな、そういうパッケージ文化だったのが、今やノン・パッケージのモジュール（部品）になりつつある。

柳瀬　雑誌や新聞は誌面（紙面）というパッケージがあり、テレビやラジオも放送時間という枠があって、これまた幕の内弁当みたいに箱が決まっていた。それが、インターネットとソーシャルメディアの発展でパッケージは崩れ、個々のコンテンツがばらばらに消費される。

小林　ソーシャルメディアの時代は、言わば個人それぞれがメディア化してしまっているので、その人自身がある日突然スターダムにのし上がるかもしれない。そうなってくると、マスメディアが用意した幕の内弁当的なパッケージの中で人が紹介されるというよりは、むしろまずその人をみんながツイッターでフォローしたり、フェイスブックページを見に行く。

またそういうパッケージ化された誌面や番組は、編集者やプロデューサーが「こういう企画のもとでこういう人を集めよう」という思想で作られていた。ところがこれが今や、それぞれの個人が自分で見たいものを集められるようになってきている。そうなってくると、今まで情報や人材を集めてきた、言わばキュレーターのような人たちの力が、影響を及ぼす。

柳瀬　その一方で、たとえばツイッター上でわりと影響力のある人、言わば「ツイッター上の有名人」もいるけれど、さまざまな情報をピックアップする時の参照元や一次発信源って、現段階ではその大半はまだマスメディアじゃないのかな？　アメリカではどうでしょう。構造は以前とあまり変わっていないのか、あるいは新しい動きがあったりするのか？

小林　もちろんニュースにおける一次発信という意味では、資本的にも人材的にも、やはりマスメディアが強いことは事実だし、取材ネットワークも持っている。でも、たとえばある政変や市民蜂起、ネットで起きたことというのは、完全に一般人の圧勝。

で、あとからそれを裏打ちするかのように「あのストリートでこういう事態になっていた」とか「軍隊はこうしていた」といった報道がマスメディア経由でなされる、みたいな感じだろうね。

柳瀬　今まで速報性のメディア……とりわけテレビや新聞は「スクープを取る」「誰よりも早く報じる」というのがひとつの価値だったけれど、その価値に関して言うと、今後は玄人がたまたま近くにいた素人に負けちゃうような事態が物理的に起こり得る。

小林　知り合いの地方新聞の記者と話していると、彼が担当するテリトリーはその地域限定なので、たとえば事件報道とかがあって、新聞紙上では関係者の名前が伏せられていても、すぐ「2ちゃんねる」上に実名が載っちゃうらしい。そうなってくると「自分たちの役割って何だろう？」と彼らは悩んでいた。

柳瀬　たしかにそうだよね。「地元のニュースをいち早く」というのが、「地元」

という場所のサイズが小さくなればなるほど、今度は「顔が見える範囲」になってくる。そうすると、まさにマイメディアであるSNSやフェイスブックやブログを使って、個人が発信したほうが早くなっちゃう可能性がある。

小林 そういう事件報道や調査報道って、ある程度のテクニックが必要だったけれど、素人ブロガーやツィッタラーが参加し、混戦している。また、「あのライブであのバンドが面白かった」とか、「あそこのハンバーガーは絶品だった」みたいな感想や意見は、素人優勢になっちゃうんだよね。検索エンジンで〝声がデカイ奴〟が勝つわけ。

柳瀬 その典型例が「食べログ」だね。一般のひとたちがみんな外食レポーターになって投稿しているわけでしょう。料理レシピサイトの「クックパッド」もそう。一般人が、レシピを開陳してそれが一大メディアになる。

小林 さらにアメリカでは「ハイパー・ローカル・メディア」と言って、たとえばカリフォルニア州じゃなくてサンフランシスコ、特にサンフランシスコの中でももっと限定してコロンバス・アベニューのあたりとか、そういう超地域限定のメディアが出てきている。

柳瀬 行き着くところはストリート単位のウェブメディア？

小林　そういう単位で「素人や一般人に、もう投稿させてしまえ」ということで、そのフィードだけをアグリゲーション（集約）したり、キュレーションみたいな形でまとめているメディアがある。素人投稿の大手では、アメリカに「イエルプ」（★6）というエリア毎のレストラン・レビューサイトがあって、とりあえず先に検索結果に出てくる。そこにフェイスブックが乗り込んできて、イエルプのユーザーとフェイスブックのページをつなげ「自分の友達がここのハンバーガーをおいしいと言っている」のがすぐ分かったり。

柳瀬　発信者がフェイスブックだと、個別具体的に顔が見える。

小林　そうすると「あいつが言っているんだったら、まあおいしいんだろうな」という信頼性も増す。そこでのスクリーニングで、いわゆる「友達編集長」が活躍するわけ。初期のフェイスブックは、まさに万里の長城みたいに閉じられた中に友達関係があったけれど、そのネットワーク内の友達関係をオープングラフというコンセプトで、今度は外のウェブ上に持ち出したのね。

柳瀬　もともとは、あくまでもフェイスブックのサービスの中でしか、「友達関係」は見えなかったはず。

小林　グーグルからフェイスブックにシェリル・サンドバーグ――同社の広告の

★6
イェルプ
http://www.yelp.co.jp/

ビジネスモデルを作っている女性役員だけど――が転籍して、フェイスブックはそもそもの〝強み〟がビジネスとして花開いた感がある。たとえばウェブ上にフェイスブック内の「小世間」を持ち出すことが実現された。その結果、何が起きたか？　友達関係を介して情報をもう一回スクリーニングし直すと、かつてとは違う形で情報が見えてくるんじゃないか、ということね。たぶん僕と柳瀬さんでも、その見え方はまた違う。だって、それぞれのソーシャルグラフが違うからね。

柳瀬　各々の人間関係ごとに、その中身や見え方がちょっとずつ変わってくるわけか。そう考えると、先ほどこばへんが言っていたように、従来のマスメディアは、決まったパッケージをみんなが同じように消費していた。インターネットの場合、初期から言われていることだけど、完全にコンテンツがバラバラに消費される。知らず知らずのうちに、ウェブがマイメディア化する。

小林　しかし、昔と違うのは、そのネットワークをデザインできるようになった。ただ、それをデザインできるのは、リテラシーが高い層であり、やはり受け取るだけの消費層というのはかなりの規模で存在する。マスメディアはマイメディアと共生するかたちで今後も影響を及ぼしていくのだろうね。

最強のロールモデルは「池上彰さん」

柳瀬　常に言われてるけど、プロの書き手を雇ってビジネスをしているマスメディアは、どうやって儲けるの、という話がある。ウェブ上に発信した情報を、いろいろなひとにキュレーションされてばらばらにされてマイメディア化されると、パッケージ化している意味が見えなくなる。最近はグノシーやスマートニュースやニュースピクスといった、キュレーションの専門メディアまで登場した。自分たちで自分たちの情報をパッケージ化したマスメディアはどうやって儲ければいいの？

小林　扱っている情報の種類によって、けっこう結果も違ってくると思う。その人たちしか扱えない情報なのかどうなのか。だけど、その手の情報を扱っている人たちがたくさんいたら、それは「コモディティ」、つまり潤沢生産品になってしまう。コモディティ化してしまうと、もうそこに価格をつけて持ち上げるのは難しい。だから、違うビジネスモデルに転換せざるをえない。情報は播き餌になって、お金を取れる仕組みは情報提供以外に設ける。これはわたしがかなり昔から言っている、メディアの多くは情報という付加価値を与えられるサービス業、という立ち位置。こう言うと、売るものがないという人がいるんだけど、価値の源泉から何を汲むかが重要。自分たちにしか集められない人脈を使うなり、あるいはインフラを使わせてあげるなど、リソースのアウトプットを転換するとか。サービス業として考えたら、方策はある。

もう一点、いま生じつつある問題はキュレーションメディアが幅を効かせてくると、一次情報提供者自らがキュレーションメディアをつくるしかない。あるいは、そうしたメディアとどう共生するか、そのビジネスモデルの構築が急務だよね。

実際、いま人気の某キュレーションメディアは、当初メディアに還流する仕組みがなかった。このあたり、若い人たちのベンチャーも大人たちと話し合う姿勢に転換してきた。まあ、資金調達した際に、絶対指摘されるだろうね。キュレートする情報の仕入れ値がフリーで還流もなければ、それって怒られて無価値になるよねって。ただ、ここまで群雄割拠してくると、キュレーション自体もコモディティになるからね。どっちが激しい消耗戦を強いられるか、いずれにせよ、短期では人気投票だけど、長期においては集めたコミュニティのもつ価値が明快なほうが生き残るでしょう。

柳瀬　よっぽど独自性や付加価値のあるサービスじゃないと、価値＝お値段がつかない。たしかにキュレーションしているメディアも、似たようなメディアの数が増えちゃったら、価値がなくなる。

小林　ニュースはこれまで「誰でも扱えない」商材だった。でも、取扱い企業が100社ぐらいあったとすると、「百均ショップ」で売っている歯ブラシと一緒だよね。「これはプロが集めてきて、プロがお金をかけてコンテンツを作っているんだから、タダ乗りするな、500円払え」ってなるじゃない。でも、消費者から見たらほとんど同じような商品が、百均ショップで100円で売っているのに、「なんで500円払わなきゃいけないんだ」という、そういう事態になってきてるわけ。これはグーグルの登場によって起きたコンテンツの潤沢化だよ。世界のあらゆる情報が無料に近い形で取得できるようになったいま、市場は激変してしまった。既にそうなってから十数年以上も経過しているのに、プレイヤーはかつての選民的意識のままだったりする。カネを払わん奴はけしからん、と。じゃあ、お前はカネ払って検索しているのかと？（笑）。

柳瀬　「情報を発信する」というのがメディアの特権機能だったけど、誰もがお手軽に情報発信できるいま、メディアである、ということ自体ではメシが食えない？　じゃあ、どこでメシを食う？

小林　そこであえてどういう文脈で勝負していくか。ここで「文脈」というのは、ひとつずつ個別の情報に対価を期待するというのではなく、それらの群れに価値を与えることが大切。つまり、その「情報にどういう意味があるのか」を示すわけ。たとえばツイッターで他国の政変とかを見ていると、「これ、なんでこんなに市民が怒ってるんだ？」と思った時に、その疑問を解説してくれたりするのは、『ＢＢＣ』とか『ガーディアン』とか、そういうところの有名記者だよね。その人の記事とかが引用されることで、点だけの情報が線や面になる。実際にイラン前大統領選での民衆蜂起と政府からの弾圧時には、リアルタイムでツィッターで情報が飛び交っていたけれど、文脈や視座を提供するのは有名媒体だった。『ハフィントンポスト』はいち早くそれに気がついて、リアルタイムで情報を取捨し、解説記事とともにアグリゲート（集約）させていた。これは大衆ジャーナリズム＝リアルタイム・ジャーナリズムをどうメディアがレポートすべきかという下地になったと思う。その後に、『ガーディアン』などがオープン・ジャーナリズムを提唱したり。

柳瀬　メディアがプロ＝お金のとれる存在であるためには、コンテンツの材料を仕入れてくる記者やレポーターの腕もさることながら、そのコンテンツの意味や社会的な文脈を解き明かしてくれる解説者や論評者、編集者のような能力がものすごく問われるようになるわけだ。

小林　以前からわたしはそれをずっと言っていたの、「次のスターは解説者だ」ってね。

柳瀬　つまりだ、ジャーナリストであり、自分の言葉で解説できる「池上彰さん」、ですね。

小林　そうだよね。すっかりメディアスターだものね。

柳瀬　森羅万象を取材し、解説する。池上さんこそが、ウェブ時代のメディアのロールモデルなのか。

小林　ノン・パッケージになって液状化（リキッド化）したコンテンツの時代には、その液状化したコンテンツの背後にある文脈を読みといてゆく力＝「読解力」と「再構築力」も必要とされる。その読解力がみんな低下し、スマホでの脊椎反射に教化されてしまっているからこそ、「今の流れはこうだ」「次はこうなるかもしれない」という文脈づけができる人の需要は高まるだろうね。もっと言えば、知識層向けの解説と大衆向け解説のハイブリッドがこなせる人がスーパースターになる。

柳瀬　もともと、さまざまなニュースや事象に「文脈づけ」をする、というのは従来のマスメディアの重要な機能。つまり「編集」の力ですね。メディアの根本的な能力である「編集」が問われる、ということか。逆にいうと、コンテンツは外部から持ってきて「編集」そのものを商品化しよう、というのがキュレーションメディアサービスだものね。

小林　そう。それはテクノロジーとも密接にかかわる。さらに言えば、記事の吸い上げ方や、他社とのアライアンス（提携）も含めて組織の在り方自体も問われてくる。だって、オープン・ジャーナリズムの時代、自社だけがすっぱ抜くわけじゃない。これは根源的なテーマをはらむけれど、「そもそもニュースは誰のものか」問題ね。ジャーナリストは国家資格じゃないし、まして新聞社だけの専売特許でもない。皆が情報発信ツールをもった瞬間から、ニュースの扱いに慣れた人はいても、ニュースを扱うことそのものは大衆化してしまった。ゆえに、それら素人を敵視するのではなく、その人たちを教育していくことが自社のメリットにつなげられるのではないかとも思う。そんな時代の情報産業は、情報の入手コストを下げ、サービス化やより上流の頭脳労働に価値がシフトしていくだろうね。

柳瀬　先ほどの話の流れでもうひとつ、「一部の人間しかアクセスできなくて価値の高い情報を扱っているメディアは、まだ価値がある」ということだったけれど、たとえばそれってどういうジャンル？

小林　金融系の情報とかは、そこのプレーヤー数はそんなに多くない。アメリカでも、いまお金を取れているメディアって『フィナンシャル・タイムズ』とか、『モーニングスター』あたりだからね。

柳瀬　ウェブで目立っているマスメディアは、英米で言うと『フィナンシャル・タイムズ』、『エコノミスト』、『ウォール・ストリート・ジャーナル』。日本だと『日経』。いずれもお金と専門情報を取り扱っている。

小林　そこはお金を払ってでも情報を買うお客がいる分野なので、いまだに紙であろうとウェブであろうと成り立つんだけど、たとえば社会面とか生活面だけやっている媒体だと、たぶん相当厳しくなってくると思う。

柳瀬　世界トップのクオリティペーパー『ニューヨーク・タイムズ』もウェブ版に転換した後、有料の電子版の値下げをしたよね。アメリカの一般紙のウェブでのマネタイズはけっこう大変そう。

小林　一般紙においては、より「上流化」することと、「サービス産業化」することに期待をつなぎたいと思う。あの『ウォール・ストリート・ジャーナル』は、顧客の属性に目をつけ、ワイン紹介サイトとワイナリーへの旅行を組み合わせたビジネスを行っていた。そして、そういう価値のシフトに伴い、ビジネスモデルを発明、あるいはマッシュアップしなくてはならない時というのは、単にメディア論だけじゃなくて、組織的な構造の問題になってくる。柔軟な組織であることが大切だけど、多くの新聞社はその真逆。いまだに天下りが関連会社に降臨し、幅を効かせている点、官僚批判なんてできるのかと言いたい（笑）。いままでは情報を採るために相応のコストがかかっていたし、設備も必要だった。そのためにあらゆるコストが高くなっていた。でも「誰でもメディア」の時代になって、そういう作業を「無償でもやりたい」っていう連中、要するにそういう作業が大好きで、寝ずにできちゃう人々が集まってやり始めたら、少なくとも利益の部分では太刀打ちできないでしょう。ただし、幸か不幸か、ITスタートアップでこれからのジャーナリズムがカネの成る木と見る者は少ないから、『ハフィントンポスト』のような強力な対抗馬が新聞社のお株を奪うということはない。だから、残存者利益を期待して、とにかく生き残るしかないでしょう。ただし、新しいことを始めようとしてもコスト構造が足を引っ張るだろうね。

柳瀬　これまで武器だった社内の人材や印刷システムといった資産が逆にネックになる？

小林　固定費は最初のネック。次の新しいビジネスモデルを編み出しても、P／L（損益計算書）描いたら、最初から赤字みたいな。ここをどう解消するかといえば、投資しかないと思っている。新たな新聞社のビジネスモデルを考えてもらうアイデアソンやハッカソン（★7）を開催したり、スタートアップに出資していくのが懸命だよ。でも、『ワシントンポスト』は一時期それをやり過ぎて、そういうことがわかっているIT系の人間を呼んでやっていたけれど、古参の連中と軋轢があったみたい。やっぱり心理的障壁が大きい。眼前の雛形でなんとかやれました的感性vs21世紀のなんかやるっきゃない的感性という、明治維新前のような鎖国派vs開国派の戦いがいまも綿々と続いている。

★7
アイデアソン、ハッカソン：アイデア（Idea）とマラソン（Marathon）を、ハック（Hack）とマラソン（Marathon）をそれぞれ掛け合わせた造語。エンジニア、デザイナー、マーケターなど多様性のあるメンバーがグループを作り、決められたテーマについてアイデアや技術を出しあい、出来上がったサービスやアプリケーション、プランなどの成果を競うイベント。

新時代の広告＝企業のオウンドメディア化

柳瀬　となれば、ますますどこで儲けるのか、という話になる。ひとつはコンテンツそのものに課金をして販売収入を得る方法だけど、メインはやはり「広告」。これまでもマスメディアは広告を大きな収入源としていた。テレビやラジオのような放送メディアはほぼ１００％。新聞や雑誌も広告が大きな収入源だった。21世紀に登場したウェブメディアやウェブサービスも売り上げの多くを広告に頼っている。グーグルにしてもフェイスブックにしても、ヤフーにしてもツイッターにしても、それから『日経ビジネス　オンライン』のようなウェブマガジンにしても、そして新興のキュレーションメディアの大半も。ところが、こばへんによれば、ウェブの普及で今や「企業自身がメディア化している」。ということは、広告はもういらなくなる？　あるいはウェブ広告自体も進化する？　こばへん、どうなの？

小林　今までだと、記事広告は外部のメディア会社に作ってもらっていた。すると、その記事広告の場所を訪れたユーザーの履歴とか細かな情報までは、直接には分からなかった。それが自社メディア＝オウンドメディア(★8)にすることによって、そうしたデータを解析できるようになる。

さらに、マス媒体で認知獲得できても、毎回それをやるのはＲＯＩ(★9)が低い。もし、自社でメディアを持っていたら、そちらにつなげていくことで、毎回の投資が無駄になりにくい。そして、中長期におけるブランド訴求と直接ユーザーとのコミュニケーション回路を持てる。

もう一点、今ビッグデータを使った解析をベースにして、広告テクノロジーがものすごい速度で進化している。なので、たとえば私たちのお客さんの会社で言うと、ウェブの記事は読んでくれるけどそのまま帰ってしまうお客さんとか、実際に購入までしてくれるお客さんとかをクラスター（属性）別に分けて、来訪するお客さんの属性に応じて最適化されたコンテンツを出したりしているのね。あるいは過去に一度でも訪れたことのある人だけに記事を見せるというケースもある。

あとは、お客さんによってもニーズが違ったりするじゃない。たとえば「車が欲しい」という人もいれば「車はもう持っていて、タイヤをはきかえたいんだ」という人もいるわけで、だったらそういうライフタイム・バリュー別にコンテン

★8
オウンドメディア(Owned Media)：企業などが自社で所有するメディア。企業と顧客の関係構築に有益なツールとなる。

★9
ＲＯＩ(Return On Investment)：投資収益率。投資した資本に対して得られる利益の割合。

ツをいろいろ用意して、ニーズに応じた側に誘導することも実現可能になった。さらに言えば、「都内に在住で、過去一ヵ月内に車雑誌を購入経験あり、よく駐車場を利用し、その際にTSUTAYAカードを使っているユーザー」とか特定できる。そのクラスターだけに特定コンテンツを見せることだって可能。そんなDMP（データ・マネージメント・プラットフォーム）サービス（★10）と自社の顧客データベースと組み合わせて訴求できる。そんな調子で、コンテンツ・マーケティング自体もかなり変化しているわけ。

あと、「インフルエンサー」と呼ばれる影響力のある人気ブロガーとか、SNSとかで活発に情報発信している人たちとコラボしたいという要望が企業の側にもあるのね。だけど、今まではそういう人たちと企業が直接やりとりすることは難しかった。それが自社メディアになって自分たちで情報発信までできるようになると……。

柳瀬　ウェブを活用すれば、企業がメディアを介さずに自分たちのお客さんと直接コミュニケーションを取ることができる。

小林　そう。その人たちと一緒にリアルでミーティングの場を設けたりしながら、有力インフルエンサーにどんどん味方になってもらうということも可能になる。

★10
DMP（Data Management Platform）：顧客データ、売上データ、マーケティングデータなど、オンライン／オフライン含めたさまざまなデータを、一元的に管理することで、より高度なマーケティングを実現するプラットフォーム。

だから企業自身がメディアを持つということは、いろんな意味で大きなアドバンテージになるわけ。

だけど、テレビをはじめとするマスメディアの全部が全部「メディア化した企業」に淘汰されるというわけでもない。要するに企業自身がオウンド・メディアを持ったとする。そうしたら、それをマスに宣伝したいという需要が生まれる。だから、拡声器としてのマスメディアや逆にテーマ別のニッチメディアは必要なの。

柳瀬　「ウチもメディアを作ったよ！」というニュースを世間に知らせるには、変な話、そのニュースをマスメディアで扱ってもらう必要があるわけだ。

小林　そうそう。株式会社ヤナセだったら「ヤナセドットコム作ったので、見に来てください」ということを宣伝したくなる。

柳瀬　それをやらないと、オウンドメディアは、滅多に電車の通らないローカル線沿いの野中の屋外看板みたいに、「誰も見ないコンテンツ」になっちゃう。

小林　現時点では、そうなる可能性も少なくない。だから「メディアをめぐる状況が変わった」と言っても、当面はそれぞれのメディアの特性を活かしてやっていかざるを得ないわけ。旧来は拡声器（マスメディア）で流す用のコンテンツ、たとえば「こんなビールを発売しましたよ！」は、そうした新商品をめぐるキャンペーン情報の雛形を使い回すだけでよかった。それこそ、キャンペーンガールの写真を貼り出して、美味しいよといった声を拡声器を通じて広めていた。

でも今度は、拡声器以外のところ、つまり企業メディアのほうで、そういった内容を周知させていかなくてはならない。そのためには、従来とはまた違ったやり方というか作法が必要になっているということ。今後は、コンテンツ政策――あえてそう呼ぶけど――は企業メディアが自ら我々のようなパートナー企業と考え、さらにそれをマスメディア経由で周知させるようになる。実際そうなりつつある。さらに言えば、メディア企業はただ製作能力や有力媒体の枠組みを提供する以上の価値を付与することが必須だ。たとえば、独自のオーディエンスデータをもち、それを商品やサービスにあわせて企業ごとにカスタマイズできたり、あるいは優れたネイティブアド（★11）が制作できるなど。だから、企業が独自にオウンドメディアを始めたとしても、企業メディアとは十二分に住み分けが考えられる。ただし、何も考えていない旧石器時代的なメディアは安く買い叩かれるのがオチかも。

柳瀬　企業が自分の「オウンドメディア」を持ったら、もはやマスメディアとつ

★11
ネイティブアド（Native Advertising）：記事コンテンツと広告を自然に溶け込ませ、読者に違和感を抱かせずに情報を伝える広告。従来の雑誌・新聞などにある「記事広告」と近いが、ユーザーの嗜好性に沿った形で提供できるので、記事広告のような「押し付け感」がない。

きあう必要も、マス広告を出す必要もなくなる、というわけじゃない。企業メディアで作ったコンテンツをより広く、まだお客さんになっていない人に広げるためには、むしろマスメディアやマス広告と連動したほうが効果的なケースもあるだろう、ということだね。つまり企業とメディアは新しい形で補完し合える？

小林　そこは当然補完し合えると思う。ただその一方で、そこまで広告に投資が回せないスケールの広告については、容赦ない時代になってくる。

柳瀬　どんなサイズの広告でしょう、それって。

小林　雑誌広告が良い例でしょうね。

柳瀬　え、雑誌広告？

小林　投資効果が見えない。ブランドとして、あの雑誌に広告を載せなくては一人前と言えない、みたいな「見栄」出稿以外は、すべて費用対効果にシビアだよ。特にウェブでの集客や通販に慣れてしまったあとで、雑誌広告に価値を見出すのは、よほどその媒体がターゲットとなるオーディエンスと緊密な関係を築いていない限り厳しい。

柳瀬　ＲＯＩが紙媒体の広告だと見えないから難しい、と。ただ、これまでのインターネットも「投資効果＝ＲＯＩが見える、見える」と言っていたけれど、案外ホントかなぁという部分もあったじゃない？　掲載されたページのビューが上がった、というだけで本当に効果はあったの、と。広告の効果って可視化できるのかな？

小林　今はそれが可視化できるさまざまな解析ツールが出てきている。アトリビューション分析などは、その記事の影響度を測定する指標があって、たとえば「その記事を読んでその商品を買った人」をずうっと定点観測して、記事を読まずに購入した人たちとの比較もできる。つまり、短期のクリック率だけじゃなく、記事を読んで時間経過しても、その後に買う人の率まで測定できるわけ。うちのグループ会社が運営してる「ギズモード」（★12）というガジェット情報ブログがあるんだけど、そこでアトリビューションを測定してみたら、ギズモードの記事を読んだ人の購入率が全体の3割も占めていた。そういう形で媒体の影響力が、今は測定可能になってきている。今まで、「うちの媒体に出稿していただければ、響きますよ」とアバウトに説明していた効果がきちんと数値化できたわけ。逆にいえば、常にパフォーマンスが測定されるので、ダメな時も如実にわかるから怖いよね（笑）。

柳瀬　うーむ、となると広告を掲載するメディア側は、かなりシビアに効果を求

★12
ギズモード
http://www.gizmodo.jp/

められるようになる？

小林　とはいえ、ブランド・リフトといって「愛され度」を向上する目的の出稿も多いので、単純にその記事内容が購買に結びついたかどうかで広告の効果がすべて測れるとは限らない。でも、そうやって購買に結びついたかどうかの結果が把握できる時代になってきたので、雑誌はますますシビアに見られていくだろうね。そういうことをまだ理解できていない企業は多いから、雑誌広告というのは、余った広告予算の落ち穂拾いになるでしょう。これは「攻め」の戦略ではないから、しんどい商いになるね。勝てるのは一部の有名媒体だけ。とは言え、驚くべきことにそんな有名媒体の中にも、未だにウェブサイトがただの「紙の宣伝チラシ」なところがあるから、自ら価値を放棄しているとしか思えない。残念なり。

リキッド化するコンテンツのブランディング

柳瀬　コンテンツのリキッド化の話ともつながるんだけど、ここのところウェブ上では「インフラ＝プラットフォーム」の寿命のほうが「コンテンツ」の寿命より明らかに短い、というケースが増えている。ハードウェアを含めたテクノロジーの進化がすさまじくて、コンテンツが乗っかるプラットフォーム——具体的にはハードも流通システムも含めて——のほうが先に衰退しちゃったりする。一時、ウェブビジネスは、プラットフォームを押さえれば、お金がちゃりんちゃりん落ちてきて勝ち！なんて話もあったけど、もう違う。

小林　だね。

柳瀬　そうすると生き残るのはむしろコンテンツを作るプレーヤーの方じゃないかと思うことがある。それはゲームからメディアに至るまで。つまりコンテンツを作っていた側は、プラットフォームが変わっても次のプラットフォームにしっかり乗り換えられるけど、プラットフォーム・ビジネスは初期投資も大きいし、実は小回りがきかない。じゃあプラットフォーム・サイドから見てどこに解があるのかというと、アメリカのプラットフォームは今どんどんニュースサイトを充実させて、記者をがんがん採っていたりする。アマゾンのジェフ・ベゾスにいたっては、『ワシントンポスト』そのものを買っちゃった。日本のプラットフォームを担っている会社は、いずれもコンテンツは外部から引っ張ってきて内製化してこなかった。プラットフォームの寿命が短くなった今、プラットフォームとコンテンツの関係、これからどうなるんだろう？

小林　当然ながら、プラットフォーマーのほうがコンテンツ制作コストが低いから利益率は高いよね。ただ、スマホ時代になってから、膨大なカテゴリーを4インチの画面で見たい人はいない。そこで個人ごとに選別されたコンテンツを短時間でアグリゲート、もしくはキュレーションする必要がある。となると、旧来型ポータルサイトではなく、コンテンツを個々にカスタマイズして見せるキュレート型のアプリやサービスが台頭する。フェイスブックはある意味、友人によるキュレートメディアだから、自分とそこに表示されるコンテンツとの関連性が高い。これまではプラットフォーマーにコンテンツを取り上げてもらって、そこからのトラフィックを自社サイトに運びこむことがマネタイズのセオリーだったけれど、ここ近年は、キュレーションメディア攻略がカギになってきた。

「ギズモード」みたいなウェブサイトは、いかに記事を露出させていくかというところをマネタイズの勝負ポイントにして久しいけれど、つまり、自社サイトにトラフィックを呼び込むのとは別に、単一コンテンツそれぞれの露出の最大化をはかるわけ。じゃあ、その先に換金化ポイントは何？って話になるけど、それは企業秘密（笑）。かつてのウェブサイトの換金化はだいたい紙の雑誌と似たようなバナー出稿が主だけど、いまは多様化しつつある。外形的に見たら似たようなサイトだけれど、ビジネスモデルの思想は全然違っていたりするわけ。

たとえば、多くの一般的なウェブサイトから、「ページのレイアウトをカッコよくリニューアルしたので、ぜひ感想を教えてください」と聞かれることがある。もうそのパッケージ感覚でものを作る考え方自体が20世紀初頭の静的なウェブ屋発想で、それは終わっていると思うよ。PCブラウザのブックマーク経由で人が流入する時代はそれでよかっただろうけれど、いまやスマホ、ソーシャルメディアの台頭で、メディアは分解されてしまった。わたしはそれをコンテンツのアンバンドルとずっと呼んできた。コンテンツはいまやリキッド（液状）化していて、そこでひとつずつのコンテンツをどうやって露出させるかという、言ってみればショッピングモール型から行商型に、コンテンツの流通形態は変わってしまったんだよね。ゆえにウェブメディアも二極化していて、そのほとんどは先ほど言ったように20世紀初頭モデルの域を出ていない。多くが周回遅れになっている、という話なんだけど。

柳瀬　ふーむ。

小林　もちろんコンテンツがブランディングされているためにも、それを載せているメディア自体がブランディングされていることは担保しておく必要がある。ただし、コンテンツはあちこちに流通していって、ユーザー接点を増やしている。ユーザーは、ひとつの玄関から入って来て、巨大モール内をブラブラしていくほど暇じゃない。ギズモードの場合、スマホからの流入が大きくシェアを超える以前に、その兆候に役員が気づき、早期にそちらに舵を切ったことが大きい。

柳瀬　もうスマホが多いんだ。

小林　だいぶ前からだよ。

柳瀬　ギズモードのようなガジェット情報に特化したメディアの場合、ひとつひとつの記事を読んでいるユーザー側はギズモードを読んでいる気はおそらくないよね。たまたま新しいダイソンの扇風機を記事で読んだよ、とか、グーグルグラスの記事が面白い、とかばらばらに読んでいる。しかもサイトを訪れて、じゃなくてSNSやポータルサイト上で取り上げていたから見た、って感じ。

小林　おそらくそういうことも含めて、コンテンツがリキッド化していく一方で、ブランディングされたメディアであるためにはどうすべきかという見極めは必要。そこは守る必要があるから。

行商のおばちゃんたち（それぞれのコンテンツ）をお客さんの属性別にあちこ

ちに行かせるみたいに、キュレーションメディアやソーシャルメディア等のあらゆる経路を経てユーザーに配信できるようにする。

このリキッド・コンテンツの配信には、DMPでターゲット／クラスターについての分析を細かくやりつつ、たとえば一回自分の媒体を読んだことのある人に対しては、その人に向いた会社の製品をプッシュしたりして、そのコンバージョン（★13）を上げる必要がある。新しい技術理解と、コンテンツへの情熱は両輪だよね。

柳瀬 サイエンス＆パッションン。科学と情熱。アート＆テクノロジー。どっちが欠けてもダメなんだ。

コンテンツとテクノロジーの交差点

柳瀬 企業のメディア化を考えた時に、一番問題なのはテクノロジーの部分だよね。日本の場合、マスメディアは基本的に文系企業なので、「アート＆テクノロジー」のうち、アートのほう、すなわちパッションあふれる面白いコンテンツの

★13 コンバージョン：ウェブサイト上で獲得できる成果。たとえば商品の購入、サービスへの会員登録、資料請求など。

部分は作れる。ところが、テクノロジーの側、つまりサイエンスの側が弱いんだよね。

こばへんが監修した『オウンドメディアで成功するための戦略的コンテンツマーケティング』(★14)の監修者あとがきにいい言葉があって、それが「企業のマーケティングのコミュニケーション活動はコンテンツとテクノロジーの交差点にある」というところ。

小林 それ、わたしがずっと主張してるの。これはね、以前、アップルのスティーブ・ジョブズが「我々はリベラルアーツとテクノロジーの交差点にある会社だ」って言っていたので、それをちょっともじったんだ（笑）。

柳瀬 じゃあ、コンテンツとテクノロジー、アートとサイエンスをどうやって同じ場所で作っていけばいいのか。まず、優れたコンテンツは、結局、企業の中で作られようが、フリーが作ろうが、編集コンテンツだろうが、広告コンテンツだろうが、常にアートである。非常に属人的なものである。要するに、「誰が作ったか」でデキがまったく違ってしまう。機械化できない。標準化できない。だから面白い。ニュース解説で池上彰さんがひっぱりだこになるのも、ニュースそのものはある程度平準化できても、そのニュースを解説する（＝コンテンツにする）

★14
『オウンドメディアで成功するための戦略的コンテンツマーケティング』ジョー・ピュリッジ／ロバート・ローズ、翔泳社

となると「池上彰さんの解説じゃないと」となるから。

かたや、サイエンスって何かというと、マーケットに対して統計学的データや歴史的なデータを踏まえて、優れたコンテンツを誰に向かってどこに何を置けばもっとも売り上げが伸びるのか、波及効果があるのか、報道価値が高くなるのか、広告効果が上がるのか、ということを解析し、分析し、応用し、実行すること。

アートとサイエンス、いっぺんにできると「優れたコンテンツを的確な相手に届けて絶大な効果を上げられる」＝商売繁盛、となるんだけど、アートとサイエンス、同時にできている企業って、まだほとんどない。

まず、伝統的なメディア系企業や広告会社って、だいたいアートの方しかない。「いいものつくれば売れる」と思っている。一方で、グーグルにしろ新興のキュレーションメディアにしろ、ＩＴ系でメディアビジネスに乗り出した企業の多くは、サイエンス至上主義。人の手がかかる「コンテンツ」そのものは、自分で作らず、どこかから引っぱってくる。

小林　最近は広告系の会社でも、サイエンス側の人材もけっこう多くなってきたけどね。いままでの広告会社って、お酒が強い人とか体育会系の人が多かったけれど(笑)、最近はもう博士号を持っている人とか数学に強い人とか、大規模なデータ解析ができる人とか、そういった人材を雇い始めているから。

柳瀬　ウェブメディア系でサイエンス系データ関係に力を入れているのは、ＩＴインフラ屋さん。グーグルやヤフー、あるいはアマゾンなど、みんなサイエンス系。さっきも話したように、インフラ会社の多くはコンテンツ＝アートを自前で扱わない。コンテンツは、売るにしろ、キュレーションするにしろ、データとして蓄積するにしろ、外部の仕事と割り切っている。

ここ数年、一気に増えてきたキュレーションメディアの多くも、ウェブ上にあるさまざまなコンテンツを集めてくるわけだから、やはりコンテンツ＝アートの大半は外部に任せている。

じゃあ、これまでコンテンツ＝アートを担ってきたメディア企業はどうすればいいか？　僕は、メディア企業こそ、テクノロジー＝サイエンスの仕事を取り入れて、「いいものを作れば売れる」幻想から脱し、「いいものを作った上で、売れる場所に持って行く、売れる仕組みを作る」というアート&サイエンスを行うビジネスに進化しなくちゃいけない、と思う。これは、自社の宣伝やマーケティングのために自前のメディア＝オウンドメディアを構築しようとしている一般企業にとっても同じことが言える。「すばらしいオウンドメディア＝アートを作ったのに、誰も訪れてこないんです」という企業のウェブ担当者の話を何度も聞いたことがあるけれど、狙った顧客が訪れるようなテクノロジー＝サイエンスがなければ、オウンドメディアの意味はない。「せっかく、カブトムシが大好きな餌を作ったのに、クヌギ林じゃなくて、杉林にその餌を置いても、カブトムシがいないんだから、意味がないぞ」というのと同じです。

小林　それは分かりやすいね（笑）。

柳瀬　「カブトムシの餌を置くんだったら、7月の終わりの夜明けにクヌギ林に置いておかないとダメだ」。これ、コンテンツのマーケティングもまさに同じで、「誰に対して」「いつ」「どこで」コンテンツを展開すべきか、という話であります。でも、アートとサイエンス、いっぺんにやるのって難しい。両方やるにはどうすればいい？

小林　たぶんリソースが全然違うし、カルチャー的にも会社内でそういったファンクションを2つ合わせるのってけっこう大変だね。

柳瀬　こばへんのインフォバーンも、どちらかというともともとはアート系カルチャーの会社だね。

小林　そもそもアート側だったんだけど、結局サイエンス側にも携わらなきゃいけない。でも時間がかかるよね。実際に社内外のそういう人たちと一緒にプロジェクトを進める際に、やっぱりお互いに仕事の進め方がいろいろと違っていたりする。それぞれの会社のカルチャーがあるので、こればかりは一般的な解はないと思う。

これはある会社から聞いた例だけど、ビッグデータ的な解析で「こういうことをやったらこの広告がクリックされて必ずや数字が何%伸びる」ってパターンを全部把握していたつもりが、ある日突然トラフィックデータがすごくスパイク(突発的に増加)したことがあって、どうなってるんだと言って調べてみたら、コンテンツが変わっていたらしい。要するに、コピーやグラフィックといった感情への働きかけが変わったわけ。

柳瀬　なるほど。

小林　結局、「コピー変えるとすごいんだね」って(笑)。

柳瀬　まさに「アートでレバレッジがどんと効いた」ってことですね。

小林　どんと効いたみたい。で、そのアート部分の効果って、実はテクノロジーの側では予測不可能なの。それ以外の部分は、データである程度予測できるんだけどね。

柳瀬　自分たちのところに来ている顧客の属性だとか嗜好性だとか、データとして蓄積されたものはサイエンスとして分析できる。ただしそのデータの示す方向性を具現化し、レバレッジを効かせるには、アートの力が不可欠だと。

小林　だからアートとサイエンスが手を取り合うことによって、すごい効果をあげるのではないかという期待は高いよ。でも、その前に互いがどう理解し合えるか、または歩み寄れるのかがカギかな。

もう一点、たとえばカルチュア・コンビニエンス・クラブ（CCC）も始めたDMPというシステム。前にも少し話したけれど、これって個々の個人情報までは分からないけど、そのユーザーの履歴から、いろんな属性がリアルタイムで把握できる。TSUTAYAでどういう買物をしてきたかとか、都内のどこに住んでどういう嗜好性だとかが、履歴データの分析からだいたい分かる。かたや我々編集者って、ターゲットとなる読者層のプロファイルを、ペルソナとか言って、ある種の仮説で決めていたわけだけど……。

柳瀬　「30代独身OL」「40代妻子持ち課長」とか？

小林　そう、そう。それがウェブ上だともっと詳細で具体的な情報がリアルタイムで分かるので、その仮説がより修正しやすくなってくる。「あ、こういう人が来ていたんだ。最初の仮説は間違ってなかったな」ということで、ちょっとずつコンテンツのニュアンスを変えたり、何を表示させるかなど、こと細かな調整ができる。技術的にはもうそういう時代に突入しているのだけれど、そこまでコントロールできている会社というのは、まだなかなかないんだよね。

柳瀬 今、こばへんから名前があがった、Tポイントカードで徹底したデータベースを構築しているカルチュア・コンビニエンス・クラブ（CCC）があらためて面白い。

1989年、大阪の枚方市から東京に進出したばかりのCCCの増田宗昭社長に「日経ビジネス」で取材したことがあったのですが、びっくりしたのは、その時点で増田さんは「我々はビデオレンタル屋さんではなくて情報商社です」とはっきり言っていたこと。「顧客データベースの積み重ねによって、誰が何をどう買うかを分析して、一番最適なものをお客さんに渡すことのできる場所をいっぱい作るのが仕事です」と、インターネットはもちろん、パソコンすらまだまだ普及してない時代に明言していた。「この人、むちゃくちゃ未来を見ていたなあ」とこちらが気づいたのは、むしろ最近なんですが（笑）。

小林 そうね。三井のリパークという駐車場や一部のコンビニで支払いする時、

Tポイントカードを入れるとポイントがたまるけれど、あれも「たぶん個人データを取られているな」と思うよね（笑）。

柳瀬　そんな究極の情報商社であるTSUTAYAが、2011年、書店不況の時代に、「代官山 蔦屋書店」（★15）のような手間とカネのかかった本屋さんをわざわざ始めた。その後、函館と湘南に同様の店を出している。

小林　あれ、オウンドメディアなんだよね、その「代官山 蔦屋書店」自体が。

柳瀬　少子高齢化で日本の消費者市場がどんどん縮小してゆく中で、団塊世代を中心とする今の50代60代で本や映画や音楽が好きな世代は、お金もあるし、消費者としても優秀。この層の人たちが「わざわざ」訪れたくなる場所を「書店」という形で作ろう、というのが代官山蔦屋書店だった。

で、増田さんが代官山蔦屋書店の想定顧客を団塊の世代に絞って、かなりマニアックな店作りと品揃えをしたら、結果として、それ以外の世代をも集めちゃった。平日の昼間は、代官山近辺のリッチなママたちがベビーカーを押して来ていたり。るし、朝は、近所に住んでいるクリエイターや起業家がスタバで一服していたり。

書店員も「顔の見える」人選をしていて、各分野の有名書店員を引き抜いて、棚作りを任せていたりする。増田さんという起業家が、一流のデザイナーに店舗

★15
代官山 蔦屋書店

設計をさせ、腕っこきの書店員を集め、代官山という、これまで書店の世界では注目されなかったハイファッションな場所で、あえて低層のゆったりした店を展開する。その裏にはTポイントカードで蓄積した膨大な顧客データベースがある。属人とビッグデータ。直感とマーケティング。地政学と情報戦略。アート&サイエンスを非常に上手に組み合わせて、代官山蔦屋書店というリアルなお店を、まさに魅力的な「わざわざ人が訪れたくなる」オウンドメディアに仕立てている。

小林　これぞ立体的なコンテンツ・マーケティングだよね。

マインドウェアとしてのコンテンツ

小林　でも、我々からすると、マーケティングでコンテンツを使うというのは、元編集者だったわけで、むしろ普通じゃない？　なんでこの時代になって突然「新法則発見！」みたいに言われるのか、とまどうところがある。昔から言ってるのに、なんで誰も聞いてなかったんだろうと（笑）。

柳瀬　そうそう。書籍編集者を十数年やってきた後でウェブの広告の世界にいると、「すごいコンテンツをつくれば、お客さんがやってくる」という「当たり前」が、案外見過ごされていたことを実感する。そもそも、広告の世界って「削っていく仕事」。1行の文章で、1枚の絵で、一瞬の映像で、商品やサービスの魅力を伝える。そうしないと、振り向いてもらえない。究極的には、やっぱりコピーライティングの仕事。

ウェブの広告も、こうした「一瞬で人を引きつける」コピーライティングの能力が絶対に欠かせない。その一方で、理論上はスペースを無限にとれるウェブの場合、テレビや雑誌や新聞の広告ではできない、新しい広告手法がある、ってことにようやくみんな気づき始めた。それが、いま「コンテンツ広告」などと呼ばれている「読ませる広告」。書籍や雑誌の編集記事の方法論で、広告のクリエイティブをやる。ウェブ広告のお客さんの規模は、だいたいにおいてターゲットが絞られているから、数万人から数十万人を相手にする書籍や雑誌の切り口でコンテンツを作る、という手法に向いている。

小林　なるほど。個々のマーケットサイズに合わせた文法が、ちょうど我々のような元雑誌屋的コンテンツ作りとかぶってきたというのは興味深いね。それに合わせて、たぶん広告自体がデジタルを含めて潤沢化し、すべてがスパム的になってきたのかもしれない。見たい広告、見たくない広告がはっきりしてきたのが今だよね。そうなると、広告ではなく、コンテンツの領域に近づいてくる。つまり、本当に顧客のためになる情報や、顧客と一緒に何か作ろうとする姿勢で共感されることの方が重要になってきた。そこでやっぱりコンテンツ・マーケティングに注目が集まってきたんだと思う。要は受け手の水位が一段高くなった。「メディアにモノ申せる」というのが大きいね。あとは、冒頭にも述べたように、情報は「強弱」になった。

わたしはずっと若い頃コンテンツを作っていて、それはハード／ソフトと言う方で言えばソフトウェアだけど、さらにもう一歩踏み込んで、「マインドウェア」という言葉を使っている。コンテンツって人の心に残存して、下手するとその人の人生を変えてしまったりするわけ。たとえば昔作っていた雑誌『ワイアード』を読んで「世界がこんなに変わっているのだから、何かやらねばと焦り、自分は起業した」とかって、後になってホリエモンを代表とする一部のＩＴ起業家たちが言っていた。だからある種、あの雑誌が多くの人たちの人生を変えたのかもしれない。実際、わたしは当時のスタッフにハッパをかけながら、「この雑誌で世界を変えるぞ！」って作っていた。こうしたコンテンツの影響って、けっこう残存する年数が長いんだよね。もちろん単発的にその場のアテンション（注意）だけ引ければいい、というコンテンツもあるかもしれないけれど、そういうものだと残存する時間は短い。実はメッセージって冗長じゃないと後まで残らないんじゃないかな、と思っている。そこで勝手に消費者の時間や空間に割り込むというアウトバウンドなアプローチだった旧来の広告文脈から、興味を持って消費者が自分から捜して訪れるようになるといったインバウンドなアプローチとうまく重なってきたのではないかと思うんだけどね。つまり、分かりやすく言うと、最初は検索エンジン、次にソーシャルメディアが我々の広告とのつきあい方を変えた。さらに言えば、マーケティング・アプローチを変えた。

メディアはこれから劇場型、体験型に突入

柳瀬　個別の企業でオウンドメディアを立ち上げて「これは面白いぞ」というサンプルがあったら挙げてもらえる？　国内、海外のケースそれぞれ。

小林　オウンドメディアは、最近の事例だけじゃなくて、それこそ十年前に遡る

と、男前豆腐店や前田建設ファンタジー営業部なんて、コンテンツ・マーケティングとオウンドメディアのとても初源的な事例だと思っている。低予算かつ、ほとんど一人に端を発した情熱のみで運営されていた点もメディア的。その後、規模が大きな事例としては、日本コカコーラの「コカ・コーラ・パーク」など、ユーザーを会員化し、他社とコラボも行っていて、オウンドメディアをメジャーリーグ級に押し上げた立役者といった感じ。最近では、わたしの会社もお手伝いしている資生堂の「beauty & co.」、花王の「マイカジスタイル」、ＩＢＭの「∞（無限大）」、富士通の「あしたのコミュニティラボ」などは（★16）、ターゲット別のウェブマガジン、あるいはユーザーや社外との共創ハブとして、専業者のウェブマガジンに比肩するかそれ以上の出来だし、オウンドメディアは、ソーシャルメディアも数えたら、もう事例をいちいち挙げられないほど百花繚乱状態だね。むしろ、多くの出版社は相も変わらず電子チラシといったていたらく。それらはメディア以下だから、今後はオウンドメディアにユーザーを奪われていくだろうね。

あと、共創と述べたけれど、「無印良品」を販売している良品計画の「くらしの良品研究所」（★17）といったオウンドメディアはユーザー・コミュニティがきちんと組成されている印象。海外の事例などを含めて見た場合でも、良品計画の

★16
beauty & co.
http://www.beauty-co.jp/
マイカジスタイル
http://mykaji.kao.com/
∞（無限大）
http://www.mugendai-web.jp/
あしたのコミュニティラボ
http://www.ashita-lab.jp/

★17
くらしの良品研究所
http://www.muji.net/lab/

やっていることはけっこう先進的だと思う。昔から、わたしはコミュニティを組成することまでがメディアの役割だと言ってきたけれど、まさにそれを地でいっている。

柳瀬 具体的にどんなことをやっているの？

小林 「くらしの良品研究所」は、ユーザーと一緒に商品開発していたりするの。たとえば、真夏に麦わら帽子を被った時、汗が額にたまるので「そこに汗拭き的な生地があったほうがいいんじゃないか」とか、ユーザーから声が出るじゃない。すると開発者が「分かりました」「来年の夏までに作りましょう」みたいな形での意見交換がなされ、しかもそのやり取りが劇場型になっていてメディア化されているわけ。

柳瀬 消費者の「声」を、単なる「クレーム」や「苦情」と切り捨てず、「苦情」の中にある消費者の「ニーズ」を見出して、商品開発にフィードバックする、ってわけか。しかもそのやりとりが全部ウェブ上で見えちゃう。

小林 もちろん、全部載せているかどうかは知らないけれど、少なくとも一方的に読者の声が載ってそれでおしまいだったのが、わざわざ開発者が表に出てきて、その声に応えるというのは保守的な企業からすれば衝撃的なわけ。それだけファンを大事にしているし、信頼しているのだろうけれど、共創のメディア化は今後ますます重要になってくると思う。そもそもブランドがなぜブランドなのかというと、ユーザーと交わした約束を破らないからだよね。ライカがすごい、メルセデスがすごい、というのは、かつてユーザーと交わした契りを守ってきたから。一時期、コストダウンやグローバルな競争が激化したせいで信頼が失墜したことがあったかもしれないけれど、本気出すと「ああ、やっぱりこの企業じゃなくちゃ」に回帰する。やはり守るべき契りがあるということが重要。

柳瀬　すごいね。

小林　で、共創のメディア化で自分が注目する事例が、イタリアのフィアットという自動車会社。これはフィアット・ブラジルがやったんだけど、2010年にサンパウロ自動車ショーでフィアット・ミオ(★18)というコンセプトカーを発表したのだけど、このミオを約1年間かけて、ユーザーと一緒にウェブ上で作ってきたの。

ユーザーから意見やアイデアを求めて、それらに対して開発陣が「ああでもない、こうでもない」と。その過程も全部メディア化してしまって、しかもそこのメディアに行くと、そこで「撮られている写真とかアイデアは勝手に使っていい

★18
フィアット・ミオ

よ」ということで、全部クリエイティブ・コモンズ・ライセンス（★19）が付与されていて、レギュレーションに従えばフリーで使える。

柳瀬　企業において、商品開発のプロセスは外部に漏らしちゃいけない「最大の秘密」だった。自動車業界では、開発中のクルマの盗撮スクープが記事になるくらいだし。それが今や、開発のプロセスをオープンにして消費者を開発チームに入れちゃう。

小林　もう、究極のオープンですよ。

柳瀬　実際にブラジルの人たちが意見を出しあったフィアットのクルマがもう商品になっちゃっている？

小林　いやいや、そこだけ残念だけれど「コンセプトカーを作ろう」という段階なので、まだ商品化はしていない。けれども2010年の段階で発表はされたの。だから、もしも将来的にそれが商品化された時は、そこに意見参加している人たちは貯金してでもその車を買うかもしれない。

柳瀬　商品開発の「手助け」をした人は、その商品が世に出たら、たぶん買う可能性が高いだろうなあ。俺が手伝った商品だぜ、と。

小林　で、言わばそこがマーケティングの部分なのね。どこからがPRで、どこ

★19
クリエイティブ・コモンズ（Creative Commons）：著作物の権利を、一定の条件を満たせば解放する旨作者が明記することで、作品の再配布やリミックスがより自由に行えるようにする、「インターネット時代の新しい著作権ルール」とも言うべき仕組み。

からがメディアで、どこからが広告で、どこからが共創なのか、境界が消えてそこでは全部融合しているわけ。

柳瀬　従来は、広告、編集記事、企業PR、製品開発のプロセス、プロモーション戦略、販売のセールス支援、これらは、すべて別々の場所で、別々の形で行われている仕事だった。それがすべてウェブの同じ場所で行われる——。

小林　そうなんだよ。しかもこれって、前に言った「拡声器で会話を遮らない」という話で、「遮らないで、どうやってその原始時代の村＝コミュニティに溶け込んでいくか」とか「その存在を知ってもらうか」というような命題があったけれど、それを突き詰めていくと、結局そういうことになるんじゃないのかな。

柳瀬　フィアットの新しいコンセプトカーを開発するプロの周りに、フィアットのクルマ作りに参加したい人たちのバーチャルな「村」ができたわけだね。なんだか「お祭り」みたいだ。真ん中にある「クルマ」がお祭りの屋台みたいなもので、実際に太鼓を叩いているのが「フィアットの開発者や技術者」だったりする。参加したみんなはその横で踊って、それ自体が祭りとして賑やかしにもなっている。ライブだ。

小林　まさにロック・フェスみたいな感じ。

柳瀬　ロック・フェスやライブでは、ステージ上のミュージシャンだけじゃなく、集まったお客さんもコンテンツであり、商品ですよね。

小林　そういう意味では、メディアというのはこの先、劇場型、体験型に突入していくと思う。

柳瀬　製造業が「開発のプロセスをユーザーと共有しちゃおう」と変化しつつあるとなると、これまで企業と個人の情報のやり取りの仲介役を担っていたメディアや広告会社自身も、集合知をコンテンツ化する、あるいはコンテンツを作っていくその過程を読者と共有したりオープンにする、というケースが増えてくるだろうね。

小林　アメリカあたりでは、すでにけっこう実験的な試みがあるよ。「トーキング・ポインツ・メモ」（★20）というサイトは調査報道——たとえば役所から情報開示請求して取り寄せた書類とかをユーザーに頼んで、みんなで見て、それで何日以内にある程度の問題点をあぶり出す——みたいな作業をやっている。それってたぶん、一人か二人の記者とかがやっていたら大変なことになるわけ。

柳瀬　物理的に考えたら難しい。

小林　だから今後は、クラウド・インベスティゲーション（クラウド調査報道）

★20
トーキング・ポインツ・メモ
http://talkingpointsmemo.com/

TPM
The Blundering Rise And Epic Fall Of Christie-Cuomo Ebola Quarantine
TPMEDITORS' BLOG
TPMLIVEWIRE

みたいなことが起きる。ヤバい投稿がツイッターとかであったら、すぐに犯人探しが行われるけれど、それは非組織型のクラウド・インベスティゲーションだよね。

柳瀬　インターネット上で無数の人々が無料で調査員をやってくれる……。実際にウェブ上で、こうした集合知がいろんな事実を露にするケース、以前から出てきている。ヤバい暴露話も含めて。

小林　その上で、「そこにはどういう文脈があるのか」を解説したり、あるいはそれをパッケージにまとめたりする作業の段階で、やっぱりプロの技量が生きてくる。

柳瀬　情報収集や事実発見のプロセスは、ウェブ上の集合知が大いに役に立つケースが多々ある。その集められた情報を面白い物語にしたり、魅力的な商品にしたり、というのが「プロ」の仕事となる。これまで以上に知恵を持っていないと、メディア的・広告的な仕事は難しいと。

既存のメディアからすると、企業がオウンドメディアをガンガン作っていくとなると、「じゃあ、俺たちメディアって何の意味があるの？」という疑問が出てくる。そのあたりはどう？　いっそ企業メディアの下請屋になっちゃったほうがいいのか、あるいはもっと偉そうにメディアコンサルタントになったほうが得なのか、はたまたオウンドメディアのポータルを作ったらどうだろうか、とか。

小林　それらもアリだとは思うし、実際うちの会社はそれを始めた。「ブランド・トーク」というサービスね。ただ、メディア専業者はやっぱりメタな示唆というか、流行りの言葉で言うと「キュレーション的な観点」から「この情報はあなたにとってこういう意味があるけれど、あっちの情報は無意味だよ」といったことをサジェスチョンしてあげられるスーパープロフェッショナルであるべきだよね。そのスタイルがブランドを形成するわけで、それは大昔からまったく変化していないんだけど、デジタルメディアにおいての所作がわからずオウンゴールをやらかし続けて地盤沈下しているだけじゃないかな。単純に経営層を若返らせたらいいだけかもしれないけれど（笑）。

第2章

「誰でもメディア」から「誰でもメーカー」へ

〈メーカーズ〉たちの「新産業革命」

柳瀬 前章の最後で、こばへんに、製造業の界隈でも、製品開発の過程で消費者の意見を積極的に取り入れ、しかもその開発プロセスをオープンにしてゆく試みが出てきた、という話を聞きました。インターネットを介することで、ものづくりのプロセスに、「素人」が参加するようになってきた。プロと素人が集まって、ひとつの商品開発にかかわる――。ピラミッド型の企業組織じゃなく、まさに「原始人＝ギャートルズ」的な顔の見える村の仲間が、作り手と使い手が一緒になってものづくりをする。メディアやコンテンツの消費だけじゃなく、「ものづくり」もギャートルズ的になっている。そんな「ものづくりの変化」について話してみましょう。

小林 アメリカ版『ワイアード』の元・編集長だったクリス・アンダーソンの『MAKERS』(★1)でも書かれていたように、いま3Dプリンターや3Dスキャナー、レーザーカッター等のツール類のデジタル化と、ファブリケーション（製造）を取り巻く環境のオープンソース化やクラウドファンディングなどが結びつ

★1 『MAKERS』クリス・アンダーソン、NHK出版

いて、製造業の世界に革命的な変化が起きている、という話だよね。

柳瀬　『MAKERS』のサブタイトルって「新産業革命」なんだよね。

小林　実際、かつての産業革命と同じくらいのインパクトがある話だと思う。これはメディアをめぐる動向とも、けっこう重なるところがある。たとえば、すでにデスクトップ上で手軽に音楽を作ることができたり、動画編集は当たり前になったじゃない。その恩恵を最初にこうむったのは、実は個人だけではなく、企業も同じ。特にマスメディアや、「BtoB」(★2)の世界でもそれがすごく活用されてきた。

柳瀬　我々編集者も、一昔前はいちいち印刷会社にギリギリまでゲラ（校正紙）を出してもらって、手書きでしこしこ赤字を入れていたけれど、今や会社にあるパーソナル・コンピュータの画面上でレイアウトも修正もできちゃう。校了日ギリギリまで原稿をいじれる。便利になったような、仕事がますます増えたような（笑）。

小林　しかもかつては、そういうシステムが高価でメディア企業しか買えなかったものが、今ではみんなが持っているパソコン上でそれができてしまう。それと同様のことが製造業でも起きていて、CADで作ったデザインデータを3Dプリ

★2
BtoB（Business-to-Business）：企業の間での商取引のこと。BtoC（Business-to-Consumer）は、企業と消費者の間での取引になる。

ンターで出力してテスト、その結果をフィードバックしてデザインの改良を繰り返し、オンラインでつながったプリント事業者で最終的な製品に仕上げる……といった「ラピッド・プロトタイピング」の手法で、試作品の製作から製品化までのプロセスを時間的にもコスト的にも大幅に圧縮できるようになった。

たとえばわたしが取材したダイソンは、イギリスの本社でやっているのはデザインと基礎研究・開発だけで、製造はマレーシアの工場でやっているファブレス企業。そうしたスタイルの企業は多いでしょ。同様に個人やスタートアップでもファブレス・メーカーになれるチャンスがやってきた。

柳瀬　アップルもそうだよね。本社の仕事はあくまで製品のコンセプトを考えること、開発して設計をすること、マーケティングをすること。実際にものづくりをする場所は、アメリカにはない。アジアのどこかで組み立てて、部品も日本をはじめさまざまなところから調達している。シリコンバレーやクパチーノでコンセプトを考え、アイデアを固めてしまえば、「こういう製品を作れ」というのは、コストの安い地域、たとえば東南アジアの工場とかに協力して作ってもらえばいい……というのは21世紀のＩＴ産業の「常識」となっている。

小林　そうなってくると、あとは「何を作るか」というアイデアの勝負になってくる。スーパーカーの電気自動車を出している、テスラ（★3）というアメリカのベンチャー企業があるじゃない。あのテスラなんかの組み立ては完全にオートメーションで、工場にいるのはロボットなのね。でも、そこの製造ラインは車じゃなくても、プログラミングさえ変えたら、違うものも組み立てられるんだって。実はそれが、テスラの一番のキラーコンテンツなんじゃないかと。

柳瀬　製造ラインが非常に洗練されているので、クルマだけじゃなく、いろんなものが作れちゃう。

小林　それと同じような試みが、いま世界中で行われている。最近では、中国でも人件費がどんどん高騰している一方、すべてオートメーションでいろんなものが作れるファクトリーさえ準備できれば、たとえば廃墟になっている地帯をリノベーションして、製造工場として稼働させたりすることができる。だから今後、生産地（製造の場所）の遍在化、流動化はさらに進むと思うよ。

★3
テスラモータース（Tesla Motors）：アメリカ、シリコンバレーを拠点とする、ベンチャーの電気自動車会社。2003年に設立して以来、急成長をとげている。
http://www.teslamotors.com/

遍在化・流動化する〝ものづくり〟

柳瀬　従来の〝ものづくり〟にのしかかってくるコスト、とりわけ固定費は、主に人件費と土地代ですよね。ものづくりは、「場所」に縛られている要素が大きかった。今のこばへんの話でいうと、そうした縛りがなくなっちゃう可能性がある。

小林　ゼロにはならないとしても、そこの部分のプライオリティをどう下げるかはこれからの課題だよね。テクノロジーは進歩しつつ、付随するコストは下がってきているのだから。

　3Dプリンターなんか、いまどんどん価格が安くなってきているから、「日曜大工的な作業」がより簡単にできるようになる。そうすると何が起きるか？　簡単な部品なら自分でデザインしたものを3Dプリンターで出力して、オンラインでつながったプリント事業者とやりとりすれば、ある程度のモノは作れてしまう。そうしたら、アイデアさえあればそれに賛同してくれるような有志を募って、クラウドファンディングを用いてネット上で出資者を集められる。

柳瀬　製造業の世界で、クラウドファンディングで資金を集めるにあたって、これまでネックだったのは、「そうは言っても君、実際にアイデア通りにモノ作れるの？」というのを示すことが難しかった。それが3Dプリンターが発達すると、ものによっては「こういう試作品できますよ」と具体的に見せられるようになる。

小林　そうそう。ちなみにアメリカで有名なクラウドファンディングのサイト「キックスターター」でけっこう巨額の資金を集めた上位のプロジェクトをあげるね(★4)。実は「International CES 2012」でソニーが「うちから〈Smart Watch〉を出します」って発表したのね。ところがその発表前に、もうキックスターター上で同じような構想を発表した何人かの若い連中がいて、彼らはそこで資金を集め、実際にそちら側で開発されたほうがソニーで開発したものよりも機能面でも上だったため、ものすごくたくさんの先行予約数を獲得できた、という事例がある。

だから可能性としては、そういった製造業まわりだけじゃない。たとえば民芸品や手芸品を作っている人たちも、「エッツィー」(★5)というアメリカ最大の手芸品のオークションサイトで今は売買していてこれが大人気になっている。そういう新しいマーケットがすでにできつつあっ

★4　キックスターターの寄付金額上位10

1	Pebble: E-Paper Watch for iPhone and Android	Design
2	Ouya: A New Kind of Video Game Console	Video Games
3	Project Eternity	Video Games
4	Reaper Miniatures Bones: An Evolution Of Gaming Miniatures	Video Games
5	Double Fine Adventure	Video Games
6	FORM 1: An affordable, professional 3D printer	Device
7	Wasteland 2	Video Games
8	Elite: Dangerous	Video Games
9	Homestuck Adventure Game	Video Games
10	Oculus Rift: Step Into the Game	Device

（Wikipedia より）

て、小さなものから大規模のものまで、下手すると自分でだいたいの資金が調達できちゃう。とはいえ、まだまだニッチなマーケットだけど、顔の見えるお客さん――ってレトリックだよ。オンライン上だと実際には見えないから(笑)――を相手にしているから、どういう人が顧客層なのかがすぐわかるし、そういう人たちに対して作りたいものを作れる環境ができてきた。これ、メディアの新しい流れの話にも、けっこう似てません？

柳瀬 似てます。メディアも製造業も顔の見えない「大衆」を想定していると、いまの消費者のニーズに応えられるようなコンテンツや商品を開発するのが難しくなる。日本の家電業界が21世紀に入って苦境に陥ったのも、そんな側面がある。AV機器も、テレビも、白物家電も、日本企業の牙城だったのに、価格面でもデザイン面でもサムスンやLGなど韓国企業に凌駕されてしまった。

家電ってもはやほとんどのジャンルが成熟して、新製品が出ても何が魅力なのかわかりにくくなっている。もはや価格やデザインくらいしか差別化できるポイントはないのかというと、そんなことなかったりする。

ダイソンのサイクロン式掃除機やルンバのお掃除ロボットが典型例だけど、掃除機のような完全に天井を打ってしまって、技術革新もなければデザインもこれ

★5
エッツィー
https://www.etsy.com/

以上よくならないだろうって誰もが思っていた、一見レッドオーシャンに見える市場で、まったく新しいコンセプトの商品がちゃんと生まれている。日本でもバルミューダのように扇風機の新製品が出てきている。新しい家電系のベンチャーって、一見競争しつくされたような場所で戦っている。さっきのこばへんの話を聞いていると、家電でも、まさに「誰でもメーカー」というような状況の中から、これまでにない新しいデザインや特徴をそなえた商品が出てきそう。

小林　さきほどのスマートウォッチの話がいい例で、同じような特徴をもつ製品を、一方では大手メーカーがたとえば1年間かけて開発したとする。でも、キックスターター上で開発費をまかなった仲良し数人組は、クラウドファンディングを活用してもう3～4ヵ月ぐらいで資金を集め、しかもラピッド・プロトタイピングをも活用しながら開発し、発表しているという現実が一方にはある。そうすると、自分たちベンチャーが仕掛ける戦いは、大企業の時間を奪うこと。いずれはキャッチアップするだろうし、大資本だから簡単に手にいれるかもしれない。しかし、相手が気づいていない間に、寝首をかくことは可能なの。つまり、前に話したメディアの変化、ブログが旧メディアのお株を奪うのとほぼ同じようなことが、メーカーの界隈でもすでに起きているわけ。

これまで製造、流通、小売りは大資本同士が担ってきたけど、いまは無数の個人や小集団が小さなアイデアや製品を、旧来の製造業とは異なる速度とコストで実現できるようになった。さっき言ったエッツィーの成功も、そうしたマーケットの可能性を見せてくれる一例だね。

柳瀬　場合によると、やる気は顔の見えない大組織より、何を誰に向けて創りたいのかが明確な小集団のほうがあったりする。

小林　彼らには愛があるけれど、大企業の中間管理職には保身しかない。なにせ前者は好きなものを作っているわけだから、それこそ寝ないでもやる。もっと言えば、マーケティングなんか糞くらえだから、イノベーションの余地はある。そこは強いよ（笑）。

柳瀬　欠かせないのは、「好き」ってことなんだね。「好きこそものの上手なれ」が、開発のベースにあると。

小林　そうそう。かたや大企業の場合、まあ生活のために勤めているという社員は珍しくないだろうし、中には「本当はそういう製品は好きじゃない」という開発者だっていないわけではない。たとえば僕の知り合いで自動車会社に勤めているけど、実は自動車にまったく興味がない人がいるもの。ベンチャーにもまったくスタートアップに向いていない、新しいことを何もしない人材がいることもある。こういう輩は大企業で養っていただいていてほしいんだけどね。あとは大企業の場合、往々にしてマーケティングに関して言えば、結局はそれが上司を説得するための方便としてのマーケティングだったりして、ユーザーの側を見ていなかったりするケースもある。

柳瀬　「お客さんのほうを向いていない」マーケティング、「社内会議を乗り切るための」内向きなマーケティングになっちゃっていると。

小林　それは組織マネジメントの問題であり、中間管理職が、地層で言えばいちばん硬い岩盤になっていたりする。トップはイノベーションを起こしたい、下も同じ。しかし、中間で現場の長でもある彼らにとって、依るべき評価軸は四半期ごとの数字だから、「売れるものを持ってこい！」ってなる。その話の帰結として、他社から出ている売上好調な商品を引き合いに出して「ウチでもあういうのができないか？」などと言いだすので、結局は似たようなもの、悪しきコモディティで溢れてしまう。

柳瀬　かくして、ライバルと違う商品じゃないと売れないはずなのに、逆にライバルと同じような商品がどんどん並んじゃう。

小林　そうすると悪循環で、今度は消費者が辟易するじゃない。そこにダイソンみたいな異端なのが出てくると、それがいままでの商品よりも少し高額でも、飛びつくわけ。

柳瀬　ｉＰｈｏｎｅの新型機種が発表されるとなると、日本のテレビ番組でも朝から晩までみんなアップルのニュースをやる。たとえ新機種の改良度合いがすでにめざましいものではなかったとしても、メディアの取り上げ方は圧倒的。現時点で、他社がスマホの新製品を出しても、アップルのようには報じてもらえない。

小林　アップルは企業活動そのものがニュースになっているからね。従来ならあのような新製品リリースを企業の側が「買っていた」わけ（笑）。まあ「ニュースが買えるかどうか」には触れませんが……。

柳瀬　メディアにお金を払ったタイアップ広告やＰＲニュース以上の規模で、アップルの場合、メディアが勝手に報道してくれる。

小林　結局、一般的なマーケティング・セオリーをガン無視してきたジョブズが手に入れたものが、勝手にニュースにしてくれるという究極のマーケティング。これもプロダクトと同様に独創の産物ですよ。実は「プレミアム」というのは「異端」の別名。

〈体験〉を含めた製品が生き残る

柳瀬　では、なぜアップルと他社製品、あるいはダイソンとほかの掃除機で、そのような差が生まれちゃうのか。ダイソンの掃除機が圧倒的に性能がいいかというと、国産掃除機だって別に性能は悪くない。でも、掃除機でニュースにしてもらえるのは、ダイソンと掃除機ロボットのルンバくらいしかない。つまり、性能だけじゃない何かが決定的に違っている。そう考えないと、この現象を説明できない。

小林　たしかに単純に性能の違いとかって、もう分からないじゃない。たとえば「自社の掃除機の吸い取る能力は世界一だ」とか「何ミクロンの塵が吸引できる掃除機だ」って言い合っても、我々素人にはその違いは判別できない。同様に四駆だって、荒地も走れるって言われても行かないもの、そんなとこ（笑）。

柳瀬　それって「ランボルギーニ・カウンタックの最高速度300キロ対フェラーリBBの最高速度302キロ」にこだわるスーパーカー少年の戦いみたいだ（笑）。

小林　そうなってくると、その製品を「使う」あるいは「家に届いた」時点から、その商品独自の「体験」がいかに違うかが重要になってくる。そこに支払った対価以上の価値——共感とか、感動とかを見いだせるかどうか。だからもう、言わば製品自体がメディア化しているの。プレミアム製品を買うということはその思想に金を払っているのと同じこと。

柳瀬　前の話とつながってきたね。すなわち「製品を作るプロセス自体がすでにメディア化している」と。さらに今度は「買ってからその商品を使って消費する部分までメディア化している」。ダイソンはその流れをいち早く実現した。

小林　ダイソンの場合、機能ありきだよね。設計思想がピュアなの。たとえば、もう進化しないと思っていた掃除機を「サイクロン式」という形で進化させたり、扇風機だって「途切れない風＝羽根のない形」というふうに進化させた。だからそこで「ダイソンとその他」という図式にしてしまった。ダイソン教という思想信条の確立だね。ダイソンの独自性というものが際立って、そこの部分がストーリーテリングというか物語化しやすかったことは事実だと思う。そして、実際に使ってみて共感した人が増え、そこからこの教義が流布していった。いちばん最初に教化されたのは、われわれメディアの側だったりする（笑）。

柳瀬　消費者が共感し、まさにダイソン物語を共有する。

小林 ダイソンと同じような色や形や素材で掃除機を作ったところで、たぶんそれだけではダメなのね。ジェームズ・ダイソンは、日本企業がパテントを侵害していることに憤慨し、経産省にも抗議をしているけれど、それは日本ではあまり報道されていない。これが知れ渡ると、さらに「プレミアムvsなんちゃって」という図式ができて、ユーザーはさらに使っているダイソン製品に誇りを感じるだろうね。

柳瀬 その流れの中で、さきほど話題にのぼったすぐに試作品を作っちゃうラピッド・プロトタイピングのような技術と、消費者を巻き込む製造過程の話、つまりコ・クリエーションと呼ばれているプロセスを織り込んでいくと、製造業の現場では、作り手と買い手とが「みんなで一緒に作っている」感覚や商品そのものの物語を共有する余地が増えていく。「俺も参加した、あたしも意見を言った」って。

小林 一般的にコ・クリエーションは、たぶん一般消費財のような誰でも意見が言えるような商品のほうが向いていると思う。実際にファミリーマートがフェイスブックページ上で消費者からアイデアを募って、新しいおにぎりを開発していたもの（★6）。あともうひとつ、サッポロビールが「100人のビールマイスター」

★6
『みんなで作るおむすび選手権』
https://www.family.co.jp/company/news_releases/2012/120207_01.html

というのを募集して、やっぱりフェイスブックページ上で、彼らと共同でビール開発を始めたりもしていた(★7)。そんな具合に、このコ・クリエーションの波というのは、昔は女性の下着メーカーとかから割と広がって来ているのね。ただ、誤解があるから、あえて言うけど、別にユーザーの言うこと全部聞く必要ないんだよね。掲出されたアイデアをエスカレーションして、その段階毎でふるいにかける必要がある。さらに言えば、アイデアだけ出させる以外に玄人だけ集めたクローズドなコ・クリエーションもあれば、コントリビューター（貢献者）を募るプロジェクト化されたものもある。

柳瀬　日本の場合、自動車や家電のような製造業よりもむしろ、良品計画やファミリーマートのような流通業、そしてサッポロビールのような食品関係……つまり消費者に近い業態で、大企業でもコ・クリエーションを実行し始めている。

小林　消費者に近いからこそ、ソーシャルメディアとの親和性がすごく高いのね。

柳瀬　なるほど。

小林　ソーシャルメディアと掛け合わせするゆえに、マーケティング的にも機能するわけ。

柳瀬　先ほどの話題の繰り返しになるけれど、消費者に近いという意味では、日

★7
「みんなでつくるビールの未来！ビール開発総選挙」
http://100beer.sapporobeer.jp/

常的に使っている家電業界なんか、もっともっとコ・クリエーションをやったらいいんじゃないかと思うけど、なかなかうまくできない？

小林　そういった提案をメーカーの開発者にすると「素人からいい意見なんか出ない」って言われちゃうの。それって旧式のメディア企業の方たちが「素人に記事なんか書けるわけねえだろ」って言う理屈と、ほぼ一緒。

柳瀬　発想がそこで止まっちゃっているわけね。

小林　全部任せようとするから、その発想なわけ。本当は「消費者から気付きをもらうテクニック」があるの。どうやって巻き込んでいくかというと、それこそモデレーション（議論の流れをコントロールすること）のやり方次第だよね。そういうマネージメントツールやサービスもたくさん出ていて、オープン・イノベーション・マネジメントツールとか呼ばれている。複数のユーザーからアイデアを吸い上げていって、それをどうやってエスカレーションしていくか——「第一フェーズから第二フェーズに上げていくか」とか——、そういう方法論とそれに伴ったツールの使い方で重要なことは、あくまで聞き手の「受信力」だよ。

柳瀬　当事者である企業の側が開発のステージごとにかなり細やかなコミュニケーションをユーザーと取っていかないと、逆にうまくいかない。

小林　うん。それはもう、ソーシャルメディアの時代は「誰が話しているか」っていう話者の部分が重要じゃない。そこで法務部チェックが入った、原稿をただ読み上げるような記事をつぶやいていても、誰もフォローしないし、巻き込みなんてできないもの。

柳瀬　つまり、コミュニケーションの強者じゃないとやっていけない。うーむ、これまでは会社のデスクでPCを眺めてチクチクやっていた人も、ある種のコミュニケーション能力を求められてしまう、とも言えるよね。

小林　そうね。でも逆に言えば、「もう一度コミュニケーション能力に立ち戻ってくる」という意味では、八百屋のオジサンさんとかと一緒だよ。「奥さん、この魚うまいよ。今日はこれがいいよ！」って、まさに商売の原点だもの。これまでの分業システム社会では、誰かが代わってくれていたということ。

柳瀬　まさしく、ストリートや村界隈での顔の見える者同士のコミュニケーションと同じだ。顔の見える「村」では、愛想のいいおかみさんがいるお店や、「この野菜おいしいよ」と薦めてくれる八百屋さんや、「その刺身、今日はあんまり活きがよくないから、無理して買わなくてもいいよ」なんて言ってくれる魚屋さんに、常連のお客さんは集まる。

小林　これまでにも「スマイル0円」みたいな商取引上のコミュニケーションってあったわけじゃない。でも、今や「スマイルは当たり前じゃん」と言われてしまう。だって「『従業員はみんな笑顔でいろ』ってマニュアルに書かれているんだろう」って見抜かれてるし、受け答えだって全部同じだし。で、そういうのにみんな飽きてきた。今必要とされているのは「その次」なのね。

柳瀬　最終的には、製品やサービスに顧客とのコミュニケーションが商品の一部として練りこまれている。

小林　好むと好まざるとに関わらず、それは一つの物語としてまず包含されてくると思う。その意味でサービス・サイエンス（★8）学会が立ち上がったり、これまで属人的だったサービスを形式知にしようという潮流があるよ。

柳瀬　顧客とのコミュニケーションの成果が練りこまれていない商品やサービスは、いくら数字的なスペックが高くても、顧客に愛されない可能性がある。

小林　もっと言えば、消費者に「愛されない」ような商品を作ってしまった場合、それを売り込むのに拡声器の音量を上げちゃうんだよね。

柳瀬　やたら大きく広告を展開したり、派手なパブリシティを打ったり、商品と直接関係ないイベントを開催しちゃったりするわけね。

★8
サービス・サイエンス：製造業などと比べて生産性が低いと言われていたサービス分野の業務に対し、最新の科学的知見を応用して生産性を高めようとする動き。IBMが中心となって概念を提唱した。

小林　そう。商品の実像とかけ離れたことをやっちゃう。でも、ダイソンやアップルは機能に基づいている。コモディティじゃないから。実はここがすごく重要なの。アイドルが出てきて「わーい」とかってやっているわけじゃない。

柳瀬　「この新製品はここが優れています」という点を、広告でも具体的に示す。有名タレントが出てきてにっこりしてCM完成、というパターンじゃない。

小林　だって、愛してもらうのは製品だから。起用したタレントじゃないよね。製品のよさをちゃんと伝えるというのが本筋だもの。逆に言えば「製品のよさ」を伝えるのを妨害するような要因を排除しているわけだけどね。

柳瀬　日本企業の場合、ものづくりの段階では、ライバルを横に並べて数字的な機能を重視し、いざ売る時はタレントを使って情緒的に売り出してしまう。

小林　そこには間違いなく、消費者のリテラシーは低いものだという暗黙の前提があるのと、うちの製品はほかと横並びという諦観（笑）すら感じられるんだよね。さっき言ったみたいに〝異端〟であることがプレミアムの条件ならば、〝フツー〟と〝大衆〟の時代はとっくに終わったかもしれない。

大企業が再び活性化するために必要なものは……「愛だよ、愛！」

柳瀬　ここまでのこばへんの話を聞いていて、自分のようなサラリーマンからすると、けっこう背筋が寒くなるような話が多いなあ。インターネットと通信デバイスの普及の結果、誰しもが情報発信者になれる「誰でもメディア」時代になった。そこからさらに、3Dプリンターの発達などを背景に「誰でもファクトリー」、誰でもメーカー」の時代に突入しつつある。

そうなると、アメリカでも日本でも、雇用面も含め社会の大きなセクターになってきた大企業がどうなるか、という話になる。大企業にとって、これまでのサイズの図体が必要なのか。それを突き詰めると、そもそも「大企業とは何だったのか？」っていう問題に行き当たる。こばへんは、どう思う？

小林　大企業って、それが効率的だから大きくなったんだよね。ネットのない時代、アポ取ったり、人材募集とか大企業のほうが効率的じゃない？　しかし、今は少しずつ効率が悪くなっているみたいな。ただし旧来の大企業が得意としていたような「大きな力」がすぐに全部なくなってしまうわけじゃないから、そこに今回話してきたような「新しい力」をどうやって取り入れ、活性化させていくかというのが肝心なのでは。

柳瀬　「活性化」というのは、市場とか社会とか？

小林　いや、自分自身を。大企業自体の自己細胞を活性化させ、自分自身を代謝させないと、たぶん今まで通りに「企業内のR&Dで」(★9)とか言っても、それには限界があると思う。

柳瀬　従来型の閉じた大組織に篭もって商品開発をしても、いいモノができるかどうかは分からないと。

小林　だからこそ、けっこう追い込まれてしまった企業のほうが、今やどんどんオープン化しているのね。

柳瀬　そうなんだ？

小林　たとえばDELLコンピュータは2007年頃にものすごく不評を買って、それこそ製品の不買運動直前まで行ったの。グーグルでも「DELL」を検索すると、DELLの悪口がDELLの公式サイトよりも上に来てしまった。「これではまずい」ということで、DELLはサイト上で「アイデア・ストーム」(★10)

★9
R&D（Research and Development）：研究開発

★10
アイデア・ストーム
http://www.ideastorm.com/

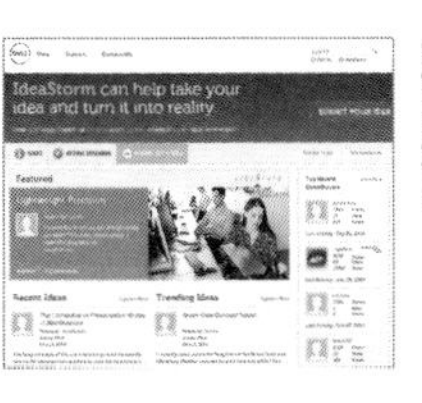

というメディアを新たに立ち上げ、そこでDELL商品に関する消費者の意見を全部聞いて、しかも可視化したの。さらにそこで、みんなと一緒に新商品を開発していったという経緯があった。たとえば「リナックスをOSに積んでみたらどうか?」「分かりました」みたいな感じでやり始めてから、あの会社の評判はだいぶ変わったよ。一時期のマイクロソフトやスタバもそういう経験を経て変わっていった。日本ではJALなんかがそうじゃないかな。社員ほぼ顔出しで、フェイスブックページの活用は他を圧倒していたものね。つまり、退路はないと認識しないと大企業って動かない気がする。

柳瀬　DELLのような世界最大規模のPCメーカーがコ・クリエーションを始めた。消費者を巻き込んで、製品を、さらには会社をも変えていく運動を始めた、ということか。逆に言えば、日本の伝統的な大企業でもできないわけではないと。

小林　そう思いたいね。ただ、やっぱり、まず「ツイッターって炎上するの?」とか「フェイスブックページを立ち上げたからってどれだけ売れるのかよ?」みたいな疑問を呈される企業の方がまだまだ少なくないからね。そういう短いスパンで物事を考えていては、たぶん実現できないと思う。コミュニケーションを始めるわけだから、「毎日挨拶していたら、半年後に儲かるかな?」とかって違うでしょう。まずコミュニティの輪に入ったり、目線をユーザーと揃えて信頼されるために発するわけで。これはコミュニティ構築のＲ＆Ｄなんだよ。

柳瀬　日本企業にとって一番の問題点は、会社内で決定権を持っている人が、ソーシャルメディアをリアルに使ったことのない50代、60代、場合によると70代だったりすること。シビアに言っちゃうと、「デジタルデバイド」が経営陣と会社の現場との間、さらに市場との間にあったりする。さきほどのＤＥＬＬコンピュータのトップのマイケル・デル（１９６５年生まれ）って、たしか我々と同い年くらいだよね（小林：１９６５年生まれ／柳瀬：１９６４生まれ）。ところが日本のサラリーマン大企業の場合、経営陣が市場のユーザーと世代的にずれているケースが多い。

小林　そこは二極化しているね。トップが「そういうことはよく分からん」ということで、今言われたような感じで放棄しちゃっているような企業もあれば、トップ自らがものすごく勉強して、「こういう試みをやろうよ」と言うんだけど、前にも言ったように逆に中間層が動かないというケースもある。若い奴はやりたがっている、でも中間にいる40〜50代くらいの管理職の人たちが動かそうとしないというケースはよく聞くね。

柳瀬　日本企業では、いちばん大きなトヨタ自動車が面白かったりする。アクアという、今本当に売れているハイブリッドカーのマーケティングは、テレビコマーシャルを集中投下する一方で、全国のアクア＝水に関するさまざまなNPOと連動して、アクアソーシャルフェスというイベントを全国各地のトヨタディーラーと連携しながら開催。草の根で「アクアのファン」を作りながら、社会貢献をする。マイケル・ポーター言うところのCSRならぬCSV（共通価値の創造）を実践している。一方で、「86＝ハチロク」という昔ヒットした、ニッチな小型スポーツカーを、富士重工と共同開発している。トヨタのケースを眺めると、日本企業だって面白いことができる可能性はゼロじゃない。

とはいうものの、うまくできていない大企業のほうが大半なわけで、日本の製造業は、どうすれば再び消費者を、市場をどきどきさせるような製品やサービスを発信できるんだろう？　難しい質問だけど。

小林　たしかにすごく難しい問題だよね。ただし、そこで肝心なことは「原点って何なのか？」という部分だよね。宗教でいえば、信者（ユーザー）と神（企業）の契約って何だったのか？ということ。契りですね。企業も組織もある程度規模が大きくなってしまうと、なんか惰性で動いているから、そういう時期に入社してきた社員たちと、たとえばソニーが一番最初に会社を始めた時のスタッフのモチベーションとでは、だいぶ違っているでしょう。たぶん終戦のすぐ直後だよね、ソニーが創設された時って(★11)。

柳瀬 モノがまったくない時代。

小林 周りは焼け野原だよ。そこから立ち上げたということだから、背負っているものがまず違っている。今の経営者たちよりももっともっと強い意志があったと思うし、ジェームズ・ダイソンにしても、本人の家で試作機を何台も分解したりしてやっている。奥さんが家庭教師かなにかで生活を賄っていたわけでしょ。まるで「掃除機バカ一代」みたいな話だもの(笑)。なので、先ほどの「大企業ってなんだったのか」問題だけど、つきつめてしまえば「その企業の使命って何?」という部分ではないのかな?

柳瀬 モノ作りにとって、というか企業にとって、一番の原点だ。

小林 「仕事はつらいもの」とか「自分のアイデアは通らないもの」とか、そういう前提で働いている限り、恐らくブレークスルーは出てこない気がする。

柳瀬 結局、自分たちが作っているモノやサービスが「他人に愛される」には、まず作り手自身がそのモノやサービスを愛していないと難しい。逆に「愛」さえ

★11
ソニーの前身、東京通信工業株式会社が、井深大や盛田昭夫らによって設立されたのが1946年(昭和21年)。

あれば、ウェブを通じて未来のお客さんになり得る人たちを巻き込むことが容易になっている。

小林　だから「愛され方」の多様性は、昔より全然広がっているの。

柳瀬　そのためには、作っているモノやサービス自体を「これって面白いぜ！」ってプレゼンして、しかも「あ、面白そう！」って言ってもらえないと始まらない。企業の宣伝って、地方の「ゆるキャラ」と一緒で、ややもすると宣伝に出てくるキャラクターは有名になるけれど、いったい何を宣伝しているのか、肝心の商品やサービスが見えなくなったりする。「お客さんに愛されない商品」を「愛されキャラ」が宣伝し、キャラは有名になるけど商品は売れない、というサイクルに陥ったりする。このサイクルから抜け出るためには、やっぱり「原点」に戻る必要がある。

小林　しかもそこでの「原点」というのは、それぞれに解答があるから、一般則じゃないと思う。

柳瀬　共通するのはやはり「愛だろう、愛」。

小林　たぶん企業人個々人のミッションが分業化され、すごくシステマチックになってしまって、しかもその手法が洗練されてしまった。しかもそれが10年、20

年、30年と、ずうっと長いあいだ続いてきたので、われわれがそのフレームに飼い馴らされてしまっている。だから、そこで少しでも違うモノを見せられたら、逆にみんなびっくりして、そっち側に共感する可能性ってありえるんじゃないかな。つまり、〝逆張り〟の時代なんですよ、今は。

柳瀬　我々がスマホを持ったギャートルズ＝原始人になった今、作り手もお客さんもお互いが共感して集まっている。そうじゃないと一緒にモノを作ったりなんかできない。少しでも希望が持てるのは、日本でもコ・クリエーションや「消費者と一緒に開発して、新しいモノを作っていこう」というような胎動が、ベンチャー系の新興企業のみならず、大企業からも出始めているってこと。規模の大小に関わらず、作り手と消費者がつながっている会社とそうでない会社とでますます差がつくかもしれない。

小林　そうね。おそらく、新しいことをやろうとしているという差はこの先10年後、20年後で決定的になると思う。もう知見をためている企業は、相当先を走っているからね。それに、過去の栄光しか見ていない人たちは皆定年になるだろうし。近い将来、数字で明確な差が出てくると思う。

第3章

ハイテク・バーバリアンだけが生き残る

新時代のゼネラリスト＝ハイテク・バーバリアンへ

柳瀬　これまでの話を一度おさらいしてみると、大枠としては、インターネットやデバイスの普及で世界中がつながった。グローバリゼーションが進展し、バーチャルな世界での情報のやりとりが活発化した。そうしたら、むしろ、ものすごく属人的で徹底的にリアルな「村」や「部族」のようなコミュニケーションの世界が待ちかまえていた。従来のピラミッド型の大組織から、一見原始的な顔の見えるやりとりが、クリエイティブに欠かせない体制となってきた、メディアからものづくりまで。

小林　この数年、コ・クリエーションやオープン・イノベーション系の案件を多く取り扱ってきた経験からしても、「ソーシャルメディアの普及によって、構成員の顔がほぼ全員見渡せるくらいの村落規模のコミュニティが再浮上してきた」ということが実感できる。なので、今や我々は、一種のらせん構造状のループを描いて、現代人でいながらも「原始人間」の立ち位置に戻っている途中にいるようなところがある。昔の原始人間と今の我々が違っているのは、今や「パワード・バイ・ハイテク」な原始人間になっている。言わばそれが「原始人間2・0」的な存在だと。比喩として言えば、裸なんだけど、実は透明な防護服を着ていたり、電子メール使えるんだけど、あえて狼煙(のろし)を上げている状態。なぜなら、そのほうが面白いから（笑）。

柳瀬 我々年寄りからすると、園山俊二さん描く『はじめ人間ギャートルズ』の世界だ。ただし、このギャートルズ、一方でハイパーだったりする。昔の原始人じゃない。いろんなことがひとりでできる。ジャーナリズムの現場も、かつては新聞ならば記者とデスク、テレビもレポーターとキャスターが分かれていたけれど、いまは、情報収集や取材から編集や司会までが、ひとりでできる必要が出てきた。分業化されたジャーナリズムの仕事が、むしろ先祖返りしてひとりでなんでもできるようになっている。日本トップのジャーナリスト池上彰さんが、紛争地に自ら足を運び、そのコンテンツを自らディレクションし、レポートし、司会し、書籍を執筆する。ウェブメディアだと津田大介さんなんかもそう。

小林 面白いことに、それって一般的なビジネスの現場でもそうだよね。SE出身だろうが文系出身だろうが、ほとんど関係ない。今まで分業で済んでいたものが、もう「全部を見られない」とダメ。個々の現場で手を動かす必要まではないけれど、全体を見渡せるだけの見識が必要なの。

柳瀬 つまり、「スペシャリストとしての得意技」を1つか2つ持っていながら、「営業」や「プロデューサー」や「広告屋」的な能力も持ってないと仕事にならない、ってことだよね。それぞれの仕事が完全に分業していた時代は、スペシャリストとして貫徹していればよかったけど、ウェブが発達して、ある意味で「原始時代」に逆戻りすると、得意技を繰り出すだけじゃなくて、コミュニケーションもできないと難しい。ハイテクで武装したバーバリアン（野蛮人）であることが必要だということだね。一発芸でオッケーなのは、「君、イチローくらい野球がうまいの？」「君、村上春樹くらい小説がうまいの？」「君、篠山紀信並みの写真が撮れるの？」というレベルに限られる？（笑）

小林 でも、一芸がある人って、全体の見渡しも得意な人が身の回りには多いかな。一芸って、結局人を集めるんだよね。まず優れたスペシャリストになり、その後にどう自己改革を果たすのか。中途半端で頭デッカちな人がやっかいだと思う。それはエンジニアリングじゃなくてもいい。人たらしのスペシャリストでもおせっかいのスペシャリストでもいいわけ。飛び抜けることで、他の分野に目が向くかもしれない。引っ張りあげてくれる人も登場するだろうし。

柳瀬　つまり、他で使えない組織の「部品」になっていて、しかも「部品」としての精度も低い。なんだかチャップリンの『モダン・タイムス』を彷彿とさせる。

小林　そういうふうに固着化させてしまうのが、合理的だった時代には良かったのかもしれないけれどね。

柳瀬　その時代が終わっちゃった。

小林　企業の話するとさ、不思議なのは、オープンソースで使える環境が存在しているにもかかわらず、わざわざ自前で作ってしまう。自前でゼロベースから構築することにこだわって、逆に一番いい技術が自分のところの開発部や研究所にあるのに、それが放置されたままになっている。総合的なプロデューサーがいないからだよね。

柳瀬　技術を持っている人が自ら率先して「ほら、これいいでしょ！」とチンドン屋までできないとダメ、みたいなところがある。たぶんここが今、時代が変わったところでしょうね。かつては「組織の中では、みんなが重なった仕事をやっていると効率が悪いから、仕事をきっちり分業しよう」って時代が確実にあった。でもその時代がある意味で終わりつつある。こばへんも、社長をやりながら、新規事業を開発し、3Dスキャンサービスの店頭営業までしてるもんね（笑）。

小林　新しいことって、常に人を駆け出しに戻すんだよ。たぶん旧来フレームがほぼ持続することを前提として構築されたキャリアではダメ。そんな人たちが前提を外されて右往左往しつつある。

柳瀬　経済が右肩上がりでマーケットが安定していて、競争条件も各社で似ていて、あとは体力勝負という時は、きれいに分業していたほうがコスト的にもお得だし、技術蓄積もしやすい。ところが今は「空手で戦っていたと思ったら、いつの間にかルールがボクシングに変わっていた」みたいなことが起きているわけで。

小林　そうそう、総合格闘技になっている（笑）。

柳瀬　しかも「時々弓まで飛んでくる」って、わけの分からないことになっているじゃない。そうすると、「何でも来やがれ！」というギャートルズ的な側面とスペシャリスト的な側面の両方を持っていないと、この先はやっていけない。

小林　単純な言葉を使うと、それって「閃き」ってことになるのかもしれない。そして、閃くには「異なること二種をかけあわせたりする、やわらかさが必要だ」ということ。でも多くの企業は、その「やわらかさを敵視」しているよね。

柳瀬　使えるものは総動員して、道具だったら新しく作り出すくらいの感じでないとね。

小林　でも幸いなことに、各種デジタルツールの出現で、その障壁は以前よりも下がってきているし、仲間も集いやすい。われわれの青春時代を考えたら、圧倒的に「武器」は揃っているんじゃない？

新しい「野性の思考」が必要な時代

柳瀬　どうすれば旧来の分業型ビジネスパーソンは、スマホを持った原始人、ネット時代の「ギャートルズ2・0」、あるいはハイパー・バーバリアンに進化できるんだろう？

小林　「どう進化させるか」というよりも、結局「新しい環境に適応できるかどうか」だと思う。さっきも言ったように、今はデジタルツールの発展と普及のおかげで、あらゆる作業や手続きの障壁が下がった。昔よりも法人作るのも簡単だし、実際に会社組織を立ち上げちゃう大学生も多い。だけど、じゃあその手順通りやればそれでいいのかというと、そうもいかないでしょ。自分で会社を立ち上げれば分かるけれど、何でも自分でやらなきゃいけない。そうした状況が、実は各業界の各ジャンルで起きているわけで、この混沌をうまく乗り越えていくためには、ネオ・バーバリアンであることが必要なのね。そういう意味で言うと、彼らの足を引っ張っているのは、バーバリアンじゃない文明人。しかも「20世紀フレームワーク」の文明人だよね。

柳瀬　チャップリンの『モダン・タイムス』型文明人（笑）。大きな組織の部品になることで、全体最適がとれるし、個人もけっこうハッピーだった。

小林　しかもその『モダン・タイムス』な人々が大手を振っていた期間というのが、実は歴史的にはさほど長くはなかった。だけど、それがまるで永遠に続いているかのように錯視されている。

柳瀬　つまり「20世紀型文明人が21世紀型原始人に取って替わられる」というのが「いま」なんだね。ネットとか交通手段とか物流サービスがここまで進化すると、ドラえもんの「どこでもドア」が本当に出現したようなもの。朝注文すると夕方には大阪から東京に野菜が届くんだったら、場合によったら近所のスーパーに買いに行く必要すらない時だってでてくるかも。遠くの情報を集めたり、遠くのモノを早く取り寄せるっていうのは、20世紀文明人の夢だったんだけど、情報と物流の「どこでもドア」化が実現したら、夢を見ていた20世紀文明人自身がお払い箱になっちゃいそうになっている（笑）。

小林　集団効率が上がりすぎて、個々人が潤沢化してしまったのは皮肉な話だね。

柳瀬　というわけで、次なる新しいアイデアとか新発明とか、新しい知性とかが必要になってくる、と思うんだけど……。

小林　そうだね、知性以外に従来とは違った組織や評価軸も必要になってくる。そういう「ワイルドな知性」が今まさに必要とされているのに、相変わらずみんな「20世紀のフレームの知性」を求めている。実はさ、予期できないものや立証しづらいものを作ることが今求められていることで、「未定調和」こそ最も知的で野蛮なんだよ。

柳瀬　レヴィ＝ストロースが『野生の思考』で言っていたブリコラージュ、「その場にある適当なものをつぎはぎして、間に合わせで新しいものを作っちゃう」という未開人の知性、あるいは「すでにある当たり前の技術を、まったく別の用途で使ってみる」という任天堂のアイデアマン、横井軍平の「枯れた技術の水平思考」なんかともつながるよね。20世紀終わりから、新しいのは技術じゃなくて、アイデアである、という「発明」がいっぱい出てきている。アップルのｉＰｏｄ

やiPhoneはまさにその典型例。発明したのは技術じゃなくて、ユーザー体験。プロダクトそのものはさまざまなすでにある技術のブリコラージュ。ジョブズは、天才原始人だよね（笑）。テクノロジーとサイエンスで武装したヒッピーというか。

小林　そうそう。直感って原始人こそが備えていて、そんな原始人の会社がもっとも時価総額が高くなっちゃった。モダン・タイムス知識人の理論武装には脅威だよね。デタラメのようでいて、なんだかすごいわと。

ビッグデータ以前にスモールデータを活用せよ！

柳瀬　話は変わるけど、ちょっと前に、企業の社内データの管理運営を委託するクラウドサービスの企業と仕事をして、びっくりしたことがあった。ここ数年、ビッグデータってコトバが流行ったけど、大半の企業は、ビッグどころか社内のスモールデータの整理や活用すらちゃんとできていないケースが多いんだって。

小林　部内のデータすら共有できていないのに、ビッグデータとかちゃんちゃらおかしいと。

柳瀬　「おたくの会社の営業マンの皆さんはけっこういいクライアントとの付き合いがちゃんとあるのに、社内ではまったく共有されてないですよ」「おたくの会社の開発部門には、すごい技術が蓄積されているのに、社内で共有されていないから、新しいビジネスに結びついてないですよ」。

つまり「ビッグデータ」の流行に乗ろうとしている企業の中には、社内や周囲にある「小さな、でも確かな情報」をちっとも把握してないし、ましてやビジネスに利用してないところがけっこうある。大企業でもよくある話だけど、ビッグディール＝でかい話をしているときって、目の前のお客さんを逃していることが少なくない。

小林　それは、「この年齢層にこんな本が今読まれている」とか「何ページ目の何行目にみんな赤線を引いた」とか、そういうデータを躍起になって集めるのがビッグデータだと思っているのかな？（笑）

柳瀬　自分の仕事の反省を込めて言うと、出会うべき取材先や営業先、著者の多くは、たいがい自分のいる会社の「誰か」がすでにつながっていたりするんだよね。社内のひとたちと交流してないと、そんな身近なスモールデータにアクセスできない。そう考えると、社内もまた、「ギャートルズ2・0」的な価値を生む新しい「村」になり得る、ということでもあるんだけど。

小林　そこからさっきの「ギャートルズ2・0」の話に戻せば、「ネット検索する前に、周りに聞けよ！」と、声を大にして言いたいね。目の前の狩りができないやつが、遠隔地でも狩りができるわけがないじゃん。「先輩でも師匠でも、詳しい人に聞けばいいじゃん」ってね。

柳瀬　浜辺で釣りができないやつが、いきなり外海に行ってマグロが釣れるわけがないのと一緒だよね。目の前のスモールデータも扱えないやつが、ビッグデータを扱えるわけない。思うに、仕事ができない人って、「近くの人に尋ねてみる」ってことをしてないよね。

小林　うん、対面で情報を稼がない。

柳瀬　そして、ある程度の年齢になったら、自分の周りに聞いてみても、有効な情報が集まらない、ってことはある。それってまあ、仕事人として終わってるってことですが……（笑）。

小林　よく言う話だけど、「お前のソーシャルグラフがつまらないのは、お前自身がつまらないからだ」ってね（笑）。

柳瀬　身も蓋もないなあ。きついけれど、やっぱり、そうかも……。

小林　あえてそこをデザインしていく意思が必要なの。

柳瀬　「アート&サイエンス」のたとえで言うと、アートな部分としての人間関係＝目の前にいる人や自分自身のリアルな経験や直感から物語や仮説を作ることができなければ、サイエンスの部分＝巨大なデータ群から仮説を構築したり物語を構築するなんて難しいことができるわけがない。結局サイエンスだって、仮説構築能力がないとダメなわけで。で、優れた人の直感って、案外ものすごく精度の高いビッグデータのはじき出す仮説と、案外おんなじになるんじゃないかな。自分という人間を超客観的に眺めて分析して仮説を立てて、「俺だったらこうしちゃうな」という個人の感覚は、ビッグデータに基づく「人間ってこうしちゃうな」という普遍的な法則につながる。

小林　たぶんビッグデータに事前期待されるのは、「人間が直接知覚できないことでもデータで見ると、実は共通のパターンがある。なので、人間の行動様式は全部ある種のパラメータに落とせる」という話なんだけど、たしかにそれは当たっている。

柳瀬　だからこそ、ビッグデータの解析って、普段から「俺ってこう感じちゃうよな」という超スモールな直感の積み重ねがないと、できないんじゃないか。人間の行動パターンの多くが恐ろしく定型的というのは、たとえばこばへんみたいに千人ぐらいと入社面接やっていると「人は恐ろしいほど行動パターンが一緒だ」ってことが実感として分かるでしょ（笑）。

ビッグデータって、進化生物学と統計学的なアプローチで人間の〝同じ〟部分が分かるという話で、これはサイエンスの領域。つまり、人間の本能や習慣を知る。で、各々の人間の〝違う〟部分、好みの部分を商品化するのが、アートの仕事。つまり、個々人の趣味や嗜好や物語にアクセスする。「アート＆サイエンス」って、その組み合わせ。その人にしかできない他人とは〝違う〟何かを創造する。その創造物が、人間に共通する〝同じ〟感覚を刺激して、たくさんのお客さんをつかむ。それができるかどうかが、ビジネスのカギを握る部分だよね。

小林　そうだね。そこは跳躍になるよね。

柳瀬　オンリーワンのコンテンツでたくさんの人間を捕まえるというレバレッジ、すなわちアートからサイエンスに変えるというのがビジネスの基本で、それにはやっぱり「人間は全員違っていて、全員一緒である」という一見すると矛盾に見える本質を引き受ける姿勢が必要だ。「全員一緒である」というパターンのほうを分析するのがビッグデータ。

小林　「人は昼になるとなんかご飯を食べるらしいから、ランチメニューをプッシュするなら昼前だ」とか（笑）。

柳瀬　現実の人間関係の中でつかんだざっくりとした仮説がないと、やっぱり見えてこない。ダーウィンは、ビッグデータの手法がない時代に進化論を作った。普段のスモールデータからの積み重ねと思考がないと、あれは無理。その意味でも「ギャートルズ2・0」的な小さな村での訓練をしていないやつがビッグデータを扱おうとしても、データに潜むそのおもしろい部分は見えてこない。

小林　結局、そこでつかめた仮説をクラスター別に当てようとしても、当てるコンテンツはやっぱりゼロから創出しなきゃいけないから。

柳瀬　そうだよね。「ここにこのコンテンツを持ってくると反応しますよ」ってレベルの人間の行動原則は分かる。でも、そこで持ってくるコンテンツそのものがおもしろくないと、人は振り向いてくれないよって話だよね。

小林　そこがおもしろいかどうかを、また「A／Bテスト（★1）しましょう」とか（笑）、それをまたビッグデータで判断しようとしている。以前からハリウッド映画がラストシーンを「A／Bテスト」で決めていたけれど、その妥当性まで

★1　A／Bテスト：パターンの異なる複数のウェブサイトを用意し、ユーザーの利用度の違いから効果を比較するテスト。

は正直よく分からないよね。むしろ、デヴィッド・フィンチャー監督の『セブン』なんて、A／Bテストをガン無視したか、やった結果の逆やって成功した気がする（笑）。やっぱ〝逆張り〟だよ。

「ニーズ（人気）やウォント（欲望）」を科学する時代

柳瀬　古典的な社会科学って、経済学にしても社会学にしても政治学にしても教育学にしても心理学にしても、脳みそで考えた理想の人間像が前提となっている。経済学の場合だと「合理的に損得を考え、判断し、行動する」いわゆる経済人をモデルに使ったりしていた。でも、近年こうした古典的な社会科学が急激に変わろうとしている。主に進化生物学と大脳生理学によって。人間もまた生きものの一種であって、脳みその思考より大先輩のＤＮＡレベルで規定されているさまざまな行動パターンやクセがあって、それが経済行動や政治行動、社会生活においてもベースにあったりする、ってことがいろいろなジャンルではっきりしてきた。

つまり、頭の中で考えた「経済人」なんて実は存在しないってこと。代わりに、進化生物学をベースとした進化心理学や大脳生理学をもとに、人間の一見不合理ともいえる行動パターンを見抜いて、より正確に経済現象を解き明かそうとして出てきたのが行動経済学。つまり、社会科学は「人間という生きものを調べる生物学」の一ジャンルになろうとしている。それぞれの分野の学者がそう思っているかどうかはともかくとして、趨勢としてはそうなっている。

たとえば、脳神経科学者が実験で、被験者にポーカーをやらせる。そこでアドレナリン分泌のパターンを分析していって、「ここでこれ以上やると危ない」っていう閾値の時に止められる人と止められない人の違いはどこにあるか？なんて研究をやっている。ダニエル・カーネマンの『ファスト&スロー』（★2）なんかもそういう話が出てくる。

小林 ダン・アリエリーの『予想どおりに不合理』（★3）も、興味深い指摘がされている。

柳瀬 だね。人間が一見非合理的に判断する、という一例を挙げると、「今の1万円と1年後の1万5000円のどちらをもらいますか？」。今のゼロ金利に近い状態を考えれば、経済的な合理性でいったら、1年後の1万5000円を選ばな

★2
『ファスト&スロー』
ダニエル・カーネマン、早川書房

★3
『予想どおりに不合理』
ダン・アリエリー、早川書房

いやつは頭がおかしい、ってことになる。でも、普通の人にこの質問を投げかけると、多くが今すぐ1万円をもらう方を選ぶ。人類の歴史で、1年先なんて「遠い未来」まで今と同じ安定的な状況が続くだろうと思えるようになったのは、つい最近。人類のDNAはもちろん大脳も今の形になったのは、20万年前で、言語を使えるようになり文明が爆発的に進化したのは1万年前だから、僕らの大脳はいまだに明日の見えない不安定な時代のクセを背負っている。となれば、経済学的な優位性よりも、サバイバルの基本として今手に入るものはすぐに手に入れておこうという心理が働くのはむしろ当たり前。面白いのは、これ、金利は同じなのに金額が変わると1年待つほうに心変わりしたりする。「1万円が1万5000円に」だったらダメだけど、「1億円が1億5000万円に」だと、待てる、と答える人がぐんと増える。この場合、5%という金利じゃなくて、5000万円という具体的な札束の量に反応したわけ。

小林 面白い。パラメータで変わるんだ。

柳瀬 金利って判断がつきにくいんだけど、絶対額の大きさは判断がつく。それがたぶん僕らの大脳のクセなんでしょう。いまアメリカのサービス・サイエンスでは、こういうイヤラシいことをおそらくビッグデータとして蓄積している。

小林　イヤな感じだなあ（笑）。

柳瀬　イヤな感じでしょう。アマゾンとかグーグルとかアップルとか、人々の買い物行動のビッグデータを大量に蓄積している。いずれ巨大なインフラに化けるでしょう。

小林　怖いよね。そういうアルゴリズムをマーケティングに仕込まれるわけだから。そりゃ選ぶよ。モルモットのごとく選ばざるを得ない（笑）。

柳瀬　ビジネス畑の連中が「生物学を道具にして攻めてくる」ってことは、「見えざる神が創った人間の根っこのＤＮＡに働きかける」ということだからね。今はまだ経済行動の話だけど、政治やプロパガンダにもいくらでも応用できるでしょう。「どういう時に人が恐怖を感じるか」とか「どういう時に共感しやすいのか」というのも、今の原理でたくさんの行動パターンを出せるからね。

小林　まるで60年代のＣＩＡの洗脳手法がそのままカルト宗教やビジネスセミナーに援用されていたことと、重なりそう。ビッグデータも進化生物学も、「人間の根っこにある部分に働きかける」という点では共通するものがあるけど、さすがにＤＮＡに直接働きかけるようなやり方はヤバいんじゃない？　それはね、法規制したほうがいいよ（笑）。

妄想力と暴走力のバランス感覚

柳瀬　さっき「こばへんはもう千人ぐらいと採用面接をしてきた」なんて話をしたけれど、実際にインフォバーンの代表取締役として、会社の人事採用にも関わっていますよね。

小林　ええ、最終面接は必ずやります。

柳瀬　たとえば経営者・小林弘人として、採りたい人材というのは、どういうタイプの人間ですか？

小林　もうね、こればかりはうちの会社とか関係なく言うね。本当に苦労したし、直近もしているけれど、あらゆる過程を削いで言うけど、最後は「**課題解決能力。そして、気合いと熱いハートとへこたれなさ**」かな（笑）。ここが揃っていない人は、いくら打ち合せしても、コーチングしても、教育しても無理。

柳瀬　このこばへんのコトバは太字でお願いします（笑）。こばへんの会社には、マーケッターもいればコンテンツ・クリエイターもいるし、デザイナーもいれば営業もいる。それらに共通する採用条件ってある？　言い替えれば「この部分がないとウチでは使えない」とか「ここだけは最低条件」みたいな。もっとプラスに言うと「これさえあれば俺、無条件に採っちゃうな」みたいな共通項というか。

小林　いや、スキルセットはそれぞれ別だし、役職によっても求めることが違ったりするから、細かい共通項までは言えないけれど、前提としてはさっき言ったとおり。とはいえ、それを最初に見抜けるかというと難しい。そもそも相手もかなり訓練されているわけだから、定型的なことしか答えない。かれこれ20年以上も採用面接をやってきたんだけど、面接の基本ってディフェンスなの。初めて面接をやる人はオフェンスで臨んで、いい人を採りに行く気持ちが強いの。でも、人材の流動性が高い業界はハズレも多いから、特に中途採用の場合は「できるだけジョーカーを引かない」というディフェンスから入って、そこを突破できる力があるかどうかを見極めるほうがいいこともある。

柳瀬　すると、面接官の強固なディフェンスを突破できるかどうかが肝だと。

小林　その突破力の中身については何でもいいの。わたしの中にある人材枠には「頭がいい枠」もあれば「素直枠」もあるし、「根性枠」とか、他にもある。それらの枠の中で納得できるものがひとつでもあればOK。

柳瀬　その人の得意技が面接官の壁を突破しないとダメだと。

小林　うん、そこは越えてくれないとね。だってもう死ぬほど面接をやってきたので「あ、そういうことは100人ぐらいが言っていたよ」みたいな話は即スルー。ただね、相手が緊張していると得意技も出てこないだろうから、出しやすくはしてあげるよ。それでも出せなかったら、もうダメ。だって「プレッシャーに弱い」ということだから。

柳瀬　そこで負けちゃう人はどこに行っても出せないものね。

小林　お客さんの前に出せないし、社内でもある程度負荷がかかったら「もうダメです、できません」になる。なので、ある意味サバイバルするやつが「採りたい人材」だよね。やっぱり「ギャートルズ2・0」タイプだ（笑）。まあ、あくまで私見ですよ。

あと無いものねだりで言うと、欲しい人材としては、マネタイズまで全部考えられるプロデューサー・タイプだよ。さっき言った課題解決タイプと言い換えられる。これはあらゆる分野で同じことが言えるんじゃないかな。たとえば今、出版社の書籍編集者と話をしていても、やっぱり売り方まで考えて作れる編集者がいないんだなということが実感として分かる。会社はそういった人材を育てないし、営業は刊行点数の多さにひぃひぃ言いながら書店を回るのが精一杯だから。

柳瀬 だけど、そのプロデューサー・タイプが出てくると困るのは、古いサラリーマン体質の会社の場合、「普通の上司」なんだよね。自分たちが要らなくなっちゃうから（笑）。

小林 はっきり言うけど、ハンコ押すだけの人は要らないよ（笑）。

柳瀬 経営トップがひとりいたら、あとは全員一芸に秀でたプロデューサーでいいよね。

小林 なので今後は、ある種フラット型の組織になってくるんだろうね。こういう水平に広がっていくような構造にしないと、あらゆる意思決定がすごく速くなっている時期にスムーズな権限移譲ができない。組織がピラミッド型だと、上のやつが「これを上げると俺の出世に響くかな」とか打算が働くけれど、フラットだと「なんで早く上げないの！」って話になる。

柳瀬 「とっとと出せ！」だよね。

小林 そうそう。組織構造自体を変えないと、スピードは上がらない。

柳瀬 プレジデント社の書籍部門が面白い組織改革をやったんだよね。営業と編集を一緒の部門にした。2年で黒字になって、リンダ・グラットンの『ワーク・シフト』（★4）などベストセラーを連発するようになった。フラット化して、営業

★4 『ワーク・シフト』リンダ・グラットン、プレジデント社

チームと編集チームを同じ箱に入れるっていう、出版社では意外とできないことをやった。

小林　それはおもしろい話だなあ。うちのお客さんの某大手企業が今やろうとしているのも、従来の宣伝、開発、プランニングみたいな部門分けを取り払おうということ。

柳瀬　ライアン・ホリデイの『グロースハッカー』（★5）という本がまさにそういう話で、成長をハックするって結局どういうことかというと、つまるところ製品ができる前にその製品の広告までをも考えられるやつがいる、というイメージ。

小林　その時点でもう始めないとダメだね。

柳瀬　結局、妄想であり、想像であり、その妄想力が市場を創造する。「こういう商品があったらこういう人が喜ぶから、このあたりからまずはやったらいいだろう」という妄想力をたくましくして、むしろ妄想のリバース・エンジニアリングをしながらモノを作っていく感じだ、って話が書かれている。いままでにないモノを生み出した経営者や創業者は、たぶんみんなそれをやっている。

小林　要は属人的な妄想力だよね。妄想力と暴走力（笑）。まあ暴走ばかりではまずいので、テクノロジーとビジネスモデルの辻褄を合わせていく理性的な部分

★5
『グロースハッカー』
ライアン・ホリデイ、
日経BP社

も必要だけど。

柳瀬　たぶんそこだよね。おそらくフェイスブックの成り立ちとか見ても、ハーバード大学のようなアメリカのエリート校は文系と理系の人間が4年間の教養課程でいっしょくたになる。テッキーなやつとアートなやつが出会える。そこで、オタクバリバリのザッカーバーグが、後にショーン・パーカーのようなイケてるハッタリ野郎や、キレキレの経営者のサンドバーグと出会って、スーパーチームができちゃう。

小林　パーカーもサンドバーグも学外の人だけどね（笑）。ただ、ウォズとジョブズもそうだけど、異質な変人が出会い、そこから予期しないことが起きる。

柳瀬　そんな感じ。日本で言うと、アニメにしか出てこないようなキャラ設定だよね。

小林　つまり、「一プロジェクトを多民族国家にする必要がある」ということだね。もちろんここで〝多民族〟というのは比喩で、実際には同一民族でもかまわなくて、それぞれのバックグランドが違っている多キャラクター。

柳瀬　ってことは「戦隊もの」っぽくしないとダメだ（笑）。

小林　いや、「戦隊もの」に「サザエさん」や「ドラゴンボール」がマッシュアップされる感じじゃないかな？　「捨てキャラ」がいない（笑）。多くの音楽バンドはリーダーだけがすごい場合が多いけど、昔ならＹＭＯみたいなものかもね。インテリな教授（坂本龍一）がいて、音楽に知見の深い細野晴臣がいて、アパレル出身でファッション・センスのところは高橋幸宏が、みたいな。

柳瀬　で、それぞれ、キーボード、ベース、ドラムの技は超一級（笑）。シュガーベイブとかサディスティック・ミカ・バンドとか、70年代のスーパーグループはみんなそうだよね。

小林　「これからのベンチャー企業はスーパーグループをめざせ！」ってことかな。

柳瀬　ハードル高いなあ（笑）。

ローカルアイドルと街の「スナック」に学ぶ

柳瀬　ただ、ＹＭＯほどスーパーじゃなくても、ある種の属人的な才能が集まることが必要になってくる部分はある。そのチームがうまくいっているかどうかの指標は、いちばんシンプルに言うと「成果物に対してお客さんがつく」ということになると思うんだけど、じゃあ個々のメンバーに必要とされるのは、どんな能力だろう。

小林　わたしが思うに、それはこだわる〝熱さ〟だよね、コミットメント力とも言える。対象に対する盲目的なまでの愛。ほんとベタな話で申し訳ないけど、それがないと起業なんて多くの人には辛すぎるでしょ。

柳瀬　やっぱり、愛。

小林　また、長期間において〝熱さ〟を持ち続けるのって難しいんだよね。

柳瀬　すべてがつながっちゃった今、ブログなんかで面白いのは、ものすごく何かに対して「愛」があるか、「憎しみ」があるかがはっきりしている人で、俯瞰して解説しちゃうコラムって、あまり面白くない。昆虫への愛を、ムシのいる現場に足を運びながら描き続けるメレ山メレ子さん（★6）がそうだし、そう、いまは女性のブログがだいたい面白い。しかも今はニコ生のように、テキストから飛び出て読者と直接つながるライブを中継できるような仕組みもある。そうなるとますます「愛」や「熱さ」がある人に、お客さんやファンが集まる。

小林　「自分の持っている熱さ」という話で言えば、最近ローカルアイドルの3Dスキャンを引き受けるの。このあいだも某アイドルのところへ行ったんだけど、

★6
メレ山メレ子：ブログ「メレンゲが腐るほど恋したい」で知られるアルファブロガー。大の昆虫好きで、『ときめき昆虫学』（イースト・プレス）の著書がある。
http://mereco.hatenadiary.com/

やっぱり〝熱さ〟が違うの。はっきり言って楽曲のクオリティは低い。だけどライブの発熱量がすごくて、その発熱量に対してすごくコアなファンがつくの。

なのでわたしは「誰でもメディア宣言」の次は、「誰でもアイドル時代」だと思っていて、要は発熱エンジンをどれだけ増幅できるかということと、その生態系を維持できる仕組みがカギを握るわけ。なので、そこを加速させる装置を作って、それらを支援してあげたい。要は昔で言うところの「隣のお姉さん（ガール・ネクストドア）」がリアルになりつつあるわけで、その発熱エンジンが今後の世界を面白くする。キックスターター、インディゴーゴー、エッツィーだって、全部「隣のメーカーズ」を支援している生態圏だよ。今後は、モノだけではなく、コトに投資できる装置や仕組みが必要になってくるだろうね。

柳瀬　ヒャダインや秋元康のようなスーパープロデューサーがいなくてもアイドルはできる、と。

小林　持続させるには、そういう人は必要だけど、最初はなんでもいい。で、やめたければいつでもやめればいい。そこは流動性がすごく高いから、全国区にはなれなくても構わない。ブログと一緒で玉石混合になるだろうし、雨後の筍（たけのこ）みたいにあちこちから生えてくる。ただ、そのマネタイズについて受け持つ装置や取組みを紹介してあげるメディアがあれば、もうマスメディアは最初に不要。

柳瀬　最終的にビッグデータや巨大インフラと対抗できるコンテンツって、結局アイドルだったりして。いまの「アイドル」の話を聞いて、連想したのが、「スナック」であります。

地方でも都会でも、商店街の多くがシャッター商店街化しているんだけど、そんな中で、どこでも生き残っている業態が3つある。それが「スナック」、「洋品店」、「理容店・美容室」なんですね。最近ではネイルサロンなんかもそう。

この3つの業態に共通するのは、とりわけスナックと洋品店に共通するのは、チェーン化できないこと。そこでの売り物が、商品やサービス以前に、その店を切り盛りしているマスターであり、ママであり、マダムである。つまり「ひと」であること。そしてお客さんが、マスターやマダムや馴染みの美容師とのフィジカルなコミュニケーションを楽しみに訪れていること、なんですね。だから、スナックや洋品店は、ショッピングモールに呑み込まれることも駆逐されることもない。

酔いどれオヤジの止まり木であるスナックにしても、近所のマダムたちの社交場である洋品店にしても、自分の髪型の微妙な好みを熟知している理容室や美容院にしても、「機能」だけみたら代替できる業態はいくらでもある。酒を安く飲もうと思えばチェーン居酒屋で十分だし、洋服だってファストファッションのほうが品揃えがいい。チェーン理容室のほうがお値段もお得。なのに、日本のあらゆる地方には、スナックや、洋品店や、地元の理容室や美容院が生き残っている。

この3つの業態は、エロティックで個人的なコミュニケーションを交わせる、言わばある種の性的な存在である、ってこと。性的って、結局ものすごく個人的なことだから、チェーン化できない。

僕はこの3つの業態が、個人的なひととのつながり、という人間の根っこの欲望をかなえてくれる装置なんじゃないかと思っている。不要不急だけど、それがないとつらくてしょうがない存在になっている。

アイドルそのものも、ある意味で性的な存在。スナックもお酒、洋品店もファッション、美容室は髪の毛、全部フィジカルな、セクシャルな、何かとつながっている。そんなジャンルを委ねられる相手って、心を許せる相手なんだよね。

ただし、性風俗産業と異なるのは、フィジカルなコンタクトじゃなくて、心を委ねられるってところ。つながりたいのは「カラダ」以上に「心」だから、相手が年を取ろうが、歯が抜けようがシワシワになろうが、その人が好きだったらずっとついていく。

さらに言うと、スナックと洋品店と理容・美容店は、半径数キロの顔の見える数十人から数百人の常連客で成り立っている。まさにギャートルズ的な「村」を形成することで、ビジネスになっている。

だから、一番最初に言っていた「ギャートルズ化する世界」みたいなものと、さっきの「誰でもアイドル化宣言」と、シャッター商店街で生き残っている3つの業態の話が通底するわけ。

小林 全部つながってくるね。ネオ・バーバリアンの時代には「一人スナック」になるだろうね。当然、一人だとビジネスがスケールしないから、それをどう増幅させて、多くを相手にできるか。顧客ではなく、個客として捉えて、そこにどうサービスを提供できるのか。ザッポス（★7）だって、言わば顧客カスタマー窓口を一人スナック状態にしたからこそウケたわけだし、本来は属人性が高いと困る業種やビジネススキームに、いかに人間っぽさを持ち込むのか。そこにヒントがあるのかもね。

★7
ザッポス：アメリカの靴のネット通販会社。顧客と電話で直接コミュニケーションをとる「コンタクト・センター」を重視。マニュアルではカバーできないような顧客の要望にも、徹底して応える姿勢で人気を博し、高いリピーター率を誇る。http://www.zappos.com/

スーパーユーザーの視点を持つこと

柳瀬　メディアでも、ウェブの世界では、メディアのブランドで読者が集まるだけじゃなく、「誰が書いているか」という個人のブランドに読者が集まる。『日経ビジネス オンライン』でいうと、読者一人あたりの滞在時間はざっと10分。だいたいそれぞれの読者が毎日2本の記事を読んでいる。毎日アップされるのは20本前後だから、『日経ビジネス オンライン』というメディアがドンとあるのではなく、20本×2＝40種類の記事の組み合わせのどれかを読んでいる。読者によっては、今日は「小田嶋隆さんのコラムを読もう」、今日は「ドコモのｉＰｈｏｎｅ参入ニュースをチェック」という具合に、メディアのブランド以上に、「誰が書いているか」「何が書いてあるか」が『日経ビジネス オンライン』のサイトを訪れる理由になっている。なんというか、いろんな種類の人気のスナックが並んでいるような状態。

小林　ただ、それの背後にやっぱり文脈というものはあって、そのコンテンツを提供しているのは誰かというところで、何かオーラのようなものが実はにじみ出ているんですよ。

柳瀬　それが「編集の力」ですね。単なる頭で考えたマーケティングみたいなものじゃダメで、個々の編集者の〝熱さ〟みたいなものがメディアの核には必要。これは雑誌の時代もウェブの時代も変わらない。

小林　そこでやっぱり個別のコンテンツ1個ずつが、「こんなもんでいいだろう」という意識で作られていると、ダメだよね。

柳瀬　これからのメディアの作り方って、ジャンルに合わせてじゃなくて、たとえばこばへんのメディアだったらこばへんの「熱さの方向性」が切り口となるのかもしれない。カメラ雑誌とか、IT雑誌とか、ビジネス誌とかいうジャンルではなく、個々の編集者やプロデューサーの〝熱さ〟がどっちを向いているかってのがウェブメディアでは「ジャンル」になるのかもしれないね。そこでの必要な最低条件は〝熱さ〟の深度が十分かどうか、みたいな感じ。

小林　その〝熱さ〟が、写真やテキストの選択に表われると思うし、それがユーザーを引きつける魅力にもなる。

話はちょっと逸れるけど、その昔、たしか某エロ・グラビア出版社が破産する前の頃、ネット上で「手ブラ」のウェブサイトをやっていたのね。そこのウリは

「脱ぎ」じゃないんだよ。セクシー系女優の画像が出てくるんだけど、ヌードじゃなくて必ず手ブラの画像なのね。でも、それだけですごいアクセス数を稼いでいた。運営者は二人だと聞いたことがある。あれもある種の〝熱さ〟なんだよね。たとえば先日、まじめな調査で巨乳好きの人たちの声を聞いたんだけど（笑）、彼らの間では、乳間を寄せた時に一番重要なのは何かっていうと、できる溝の〝長さ〟なんだって。

柳瀬　谷間の長さ！（笑）

小林　谷間が長いほど性的に興奮するんだって。自分にはよくわからないけれど、あらゆる場所に〝熱さ〟が偏在していることだけは確かだね（笑）。

柳瀬　いろんな〝熱さ〟が、いろんなところにありそうだなあ。

小林　そういう構成要素に気づくというのは、スーパーユーザーの視点なんですよ。なので、ここでちょっと真面目な話をすると、ジェームズ・ダイソンやスティーブ・ジョブズはスーパーユーザーなんです。自分がいちばん自分の製品を使いたい人。マーケティングとかクソ食らえだよね。創ったあとのマーケティングは行うけれど、創る前は要らない。なぜなら、自分の中にすべての答えがあるから。

柳瀬　最高の消費者こそが、最高の作り手になり得る。言い換えれば、作り手と消費者が、向かい合っているんじゃなくて、同じ方向を向いている。21世紀になったばかりの頃に、糸井重里さんが「これからは最高の消費者こそが、最高の作り手になると思う」と予言してたんだけど、本当にそうなりつつある。ダイソンやジョブズ、そしてアマゾンのベゾスなんかは経営者でありながら、自社商品にとって一番厳しい消費者でもあるんだよね。ベゾスの言っている顧客重視って、あれは本心なんだけど、恐らくは一般的に言われているような顧客とは意味が違っていて、「俺自身こそが、まだ誰も見ていない未来の顧客で、だから俺の言うことを聞け！」って感じがする。企業トップとして部下に話している以前に、一番ワガママな未来のお客さんである自分を念頭においての発言に聞こえる。

小林 だから彼らモノ・ドリブンではないんだよ。コト・ドリブンというか。日本の企業の場合だと「次は3Dメガネが来る」からってことで「じゃあ、3Dでいきますか」みたいな話で、「俺がどうしても見たいから3Dだ」って話じゃない。これは3Dがダメだとかあり得ないとかいう話じゃなくて、あり得る3Dにするための顧客体験に誰もが責を負っていない。ユーザー体験がデザインできていない、ってことね。

柳瀬 日本の場合、中途半端に「ものづくり至上主義」になって、ついついテクノロジーを差別化の道具として商品を作ろうとする。でも、テクノロジーの本質は、人間の未来に対する妄想を具現化したもの。ドラえもんじゃないけど「こんなことといいな、できたらいいな」という妄想を具現化してくれる道具としてテクノロジーがあるわけで、先にドラえもん的な妄想がないと、いくらすごいテクノロジーがあっても、次代を創る商品やサービスは生まれない。

小林 ただの妄想じゃダメ。たくましい妄想が必要だね。それがビジョンだと言い換えてもいいかもしれない。それは予見と予告の違いということ。前者は「あの打者の打率や練習法からすると、ホームラン打ってもおかしくない」で、後者は「ライト席にホームラン打ち込みますよ」という予告なわけ。

「一人一芸」から「一人スナック状態」へ

柳瀬 ウェブを通じて誰もがメディアになれちゃう、ってことは、コンテンツが世にあふれているわけで、プロの創ったメディアの読まれ方、見られ方もたぶん相当変わってきてるよね。

小林 ウェブ・コンテンツなんかが典型的な例だけど、もうテキストで全部読んでもらって理解してもらえる時代ではないのかもね。それこそ「ジャパネットたかた」のCMじゃないけれど、新しい商品やサービスのみならず、理念的なこともみんな動画で説明しちゃう時代が、すぐそこまで来ている。たとえばダイソンの扇風機なら「なぜこれは羽根がないのに風が出るのか?」とかを1、2分でうまく説明してくれたら、たぶん話題にもなるし、その画像をみんなが見に来てくれるだろう。

柳瀬 ウェブでいうと「写真+コピー」が最強のウェブ言語になっていくんじゃないか、という気がする。注目度の高いウェブコンテンツの作り方って、もうそうなりつつあるじゃない。「WIRED.jp」(★8)とかもそうだし、まあ「ギズモード・ジャパン」も。キュレーションサイトでも、写真系がすごく増えている。ウェブを見る場所がスマホ中心になると、一枚の写真と的確なコピー、あるいは短い映像コンテンツが、テキストと横並びで読まれるようになっている。「写真+コピー」とか「映像+コピー」のようなコンテンツが人気を呼びやすくなる。ただ、写真+コピー、って要するに昔ながらの新聞雑誌広告やポスター広告の手法だし、映像+コピーって、テレビコマーシャルの方法論。実はテキストをだらだら読ませ

★8
「WIRED.jp」
http://wired.jp/

るよりも「才能」と「技術」が必要なんだけど（笑）。
　いずれにせよ、テキストと同列に写真や映像をコンテンツとして並べていくのは、ウェブメディアの必然となる。スマホが主体となるとパソコンで見てもらう時以上に滞在時間も短くなる。5分くらい滞在してくれた人が2〜3分と半分くらいになる。

小林　そう、だいたい2〜3分なんだよね。山手線で言えば（笑）、約1駅分の移動時間。

柳瀬　読者の皆様の大切な2〜3分を確実に掴めるか。取り合いです。

小林　わあ、ニッチな戦いだ（笑）。

柳瀬　こばへんに一度聞いておきたかったことがあるんだけど。写真や映像がウェブメディアにおいて、テキスト以上に雄弁な言葉となりつつある一方、日本のメディアは新聞にしても雑誌にしても、「写真」ってどうしても記事の添え物という扱いが多かった。その感覚は、ウェブ時代になってもまだ切り替えられてない気がする。いっそ「写真を主人公にしよう」という思い切りが、アメリカのメディアなんかに比べるとないなあ。「エロ」だけは例外だけど（笑）

小林　昔からだね、それは。以前、出版社に入社して驚いたのは、デザインのこと誰もわかっていなかったことだよ。自分が作る本の意匠にこだわりみたいなものがあまり無いというか。もちろん、全員がそうだというわけじゃないけれど、自分はやっぱり画から逆算する場合が多いので、コンテンツと同時にどういう画にするかも考えてしまう。それが特殊なことだって気づいたのね（笑）。

柳瀬 アートディレクターと編集者には雑誌作りのうえで同じ権限があるという話を、80年代にこの業界に入ったとき、アメリカの『ビジネスウィーク』の人に聞いてびっくりした。日本では、雑誌が衰退期に入るまで写真やグラフィックスの重要性が認識されなかった。紙からウェブに転換し、さらにパソコンからスマホへと舞台装置が変わっていくと、写真や映像が重要になるから、アートディレクターやデザイナーがキモになってくるんじゃないかな。実際、アメリカのメディアはそういう改革をどんどん実行に移しているよね。

小林 それこそ『ナショナル・ジオグラフィック』とかね。

柳瀬 90年代、世界最大の写真ジャーナリズム誌でもある『ナショナル・ジオグラフィック』の日本版を日経BP社で出すことになった時、横で見ていてやはりアートディレクションの力を思い知らされたんだけど、『ナショ・ジオ』のような世界最強の写真家集団を抱えていると、ウェブでも圧倒的なコンテンツを提供できる。しかも写真だけじゃなくて映像も。

小林　このあいだびっくりしたのは、アメリカのホワイトハウスが「Open for Questions - The White House」（★9）という企画をやっていて、要はそれってアメリカ国民がツイッター上で、アメリカ政府側が指定したハッシュタグをつけて質問をするとそれを読みあげて、さらにホワイトハウスが回答するまでをポッドキャストで動画配信しているの。

そういうのも、実際に文字起こししたテキストで読もうとするとちょっとウザい感じがするけれど、動画で流されるとけっこう見ちゃう。まあ、おもしろい内容かどうかは、質問によりけりなところもあるけれど。

柳瀬　アメリカじゃ、政府までが動画メディアを立ち上げている。

小林　でもやっぱり僕らみたいにちょっと前の紙メディア出身だったりすると、テキストのほうが地位は上で、写真はどうしても添え物っぽくなる。だけど、それでは今後ますます受け入れられないよね。ウェブの編集をやっていたら、それは理解できると思うけれど、紙の出版社にいると、どうしてもテキストの精度を考えてしまうから。ただ、一方ではアメリカこそ分業がきちんとシステマチックになっている文化なわけで、一人が全部テキストも写真も見るわけではない代わ

★9
「Open for Questions - The White House」
http://www.whitehouse.gov/podcast/open-questions

りに、写真をきちんと選択するフォト・ディレクターのような立場の人がいたりする。

古いタイプのメディア人には、なかなかそういう考え方が伝わりづらい。デザインの中に入り込まないで、流行っているデザイナーを起用したがるだけ。本来の意匠について、それが生成される哲学とメカニズムを言語化しないから、ディレクションも曖昧。「これ、ばあっと派手にしておいてよ」みたいな（笑）。これこれこういう理由だから、この場合には自然光の写真使おうよ、というようなロジックがない。

柳瀬 読者側は明らかに写真派、動画派になっている。読み手としてだけじゃなくて、自分が発信するときもスマホから写真や映像を直撮りしてそれをコンテンツにするのが、長いテキストを送るより主流になっていたりする。むしろマスメディアがその流れに乗り切れていない。どうすれば「プロ」のメディア人が、動画や映像が台頭してきた時代に対応できるか？　単に「編集者や記者が自分で写真も撮ろう、動画も押さえておこう」っていう単純な話じゃないよね。

小林 恐らくそれってデジタル・テクノロジーの永遠のテーマのひとつなんだろうね。まだインターネットがなかった頃、DTPのシステムに初めて自分が出会った時に「これ、自分ひとりで出版できるじゃん！」と思って、それこそアドビのページメーカーを使って自分でレイアウトして、テキストエディターで原稿を書いて流し込んで、じゃあイラストも自筆で……みたいな話になってきたことを、今の話で思い出した。だからデジタルというのは、全人的なことを求めてくるんだよ。前に『ロッキング・オン』を立ち上げたメンバーの一人の橘川幸夫さんが言っていたけれど、あの人の実家が写植屋さん(★10)だから、最初は原稿書くのに写植機で直接文字入力していたって（笑）。

柳瀬　予算と時間が限られている海外取材の場合は、まさに全部やらないといけない。『日経ビジネス オンライン』で池上彰さんとＪＩＣＡとの共同企画で、アフリカや西アジアに取材に行った時は、池上さんのインタビューのサポートも、写真撮影も、コンテンツの編集も、ウェブや雑誌のアートディレクションも、書籍作りも、カメラマンを連れて行かず、最小人数のチームだけを連れていった。ＩＴとインターネットがあると、現地にＰＣを持っていけば、その場でかなり編集できちゃうし。

小林　それが一番早期の段階で顕在化したのが、ＤＴＭ（デスクトップ・ミュージック）。あと写真も。

★10　写植：写真植字の略。カメラを使って文字を印画紙に焼き付け、印刷用の原版を作る方法。ＤＴＰ（Desk Top Publishing）が普及する以前は、この写植による文字組版が一般的だった。

柳瀬 フィルム時代にたくさんあった現像屋さんという業態の多くが、姿を変えたり消えちゃったりした。写真家の仕事のスタイルも変わった。かつては現像屋さんにフィルムを出していたのを、いまでは撮ってきた写真データを腕利きレタッチャーに渡してチューニングしてもらう。あれが今どきの現像屋さんだよね。

小林 そうそう。でもね、写真もレタッチャー専業の人がいたけれど、いまや写真家自身がフォトショップを扱うからね。これまで、何枚もレイヤー重ねてマスキングしたり、技を駆使して女性の肌とか修正をしていたけれど、先日無料のソフトを写真家から教えてもらって、ワンクリックであっけなく修正できて愕然としたもの。あーあ、これまでは何だったのかって（笑）。

たまたま先日会った人もすごくて、映画製作者なんだけど、スチールの腕も凄ければ、演出も企画も全部できるし、最後には音をつけて、ＰＶも自分で作っているのね。しかも各々のクオリティが異様に高い。アニメで言ったら、新海誠君みたいな感じ。あれの実写版をほぼ一人で全部やれちゃう。もうそういう時代なんだよね。それも一種の「一人スナック状態」だね（笑）。好きな人しか残れないのかもしれない。なんとなくその業界にいる人には、悪いお知らせだ（笑）。

柳瀬 「スナック」と一緒だ。マスターが酒も作れば、つまみのカレーも作れば、客の相手もする。優秀なクリエイターは、金集めから営業まで全部自分でやっちゃう。「中途半端な一芸しか持っていない」って人はもはやメディアにいる場所がなくなり、「できるやつ」は何でもやる、となる。

小林　まさにデジタルツール自体がその流れを加速させるの。その時に「何もできないやつ」というのは、非情だけど無用の存在なんだよね。

柳瀬　デジタルって、弱肉強食を加速する部分があるね。勝利者が全部持っていく、というか。

小林　今までのテンプレート型社会というのは、ある一定の装置産業に入ればなんとか食べていけたから、テンプレートをうまくなぞれる人が重宝された。だけど、そういう人は実際のところは、その背景装置がないと何もできないに等しいから、これからはけっこう本当に厳しいと思う。ウチなんかでも、いわゆる編集職に近いコンテンツ・ディレクターは、「企画書が書けない」なんてあり得ないし、企画書を書いてなおかつライティングもできて、コンテンツのプランニングができたりするのが当然だもの。当たり前の話だけど、何事にも資質と本人の努力が必要なんだけどさ、会社が全部教えてくれるだろうと考えている人が多くて驚くね。盗めない人は、教えてあげても期待以上のモノが出てこない。

テンプレート型だと、人をスポイルしてしまうこともある。で、本人にとって不幸なことに、一度テンプレート外に出たとき、そこで食えない人をつくり出してしまうわけ。

「人に好かれる」のが営業の肝

柳瀬 そんな中でひとつだけ、一芸しかなくても食えていける商売が永遠にあると思っていてね。それは「営業」。

小林 まあ、そうだよね。

柳瀬 仕事の現場でいちばん強いのは、結局お金を引っ張れるやつ、お客をつかまえてこれるやつ。つまり営業です。で、そういう「できる営業」が世間一般でいうところの「頭がいいやつ」かというと全然そうじゃなかったりする。まったくモノを知らなくて「お前、バカかよ」って呆れられたりするんだけど、笑いながら、大きい仕事をちゃんと取ってきちゃう人、いるんだよね。

小林 うん、自分をバカと言える人は強いよね。本当はお客さんよりももっと頭いいんだって言っているやつで、頭いいやつがいた試しがない（笑）。程度の差こそあれ、バカの自覚を持つ者は強い。

柳瀬　営業って、実は編集以上に属人的な能力が必要だったりする。最終的にはさっきの〝熱さ〟の話にもつながるけど――アイドルとも通じるものが必要。言い替えれば「人に好かれる能力」だよね。

小林　その通りだね。でも、努力だけじゃ届かないところがあるなぁ。

柳瀬　「人に好かれる力」「仲良くなる能力」がある人は営業では強い。

小林　たぶん、営業出身の創業者でない限り、多くの企業は創設期には営業マンなんていなかったりするわけで、ダウンタウンの松ちゃんと浜ちゃんみたいな役割分担が生じるのかもね。たとえば、松ちゃんひとりだとその天才が伝わらないから、浜ちゃんがわかりやすく解釈してあげている。その場合、浜ちゃんが営業だね。

柳瀬　ソニーも、盛田昭夫さんが技術出身でありながら営業の先頭に立ったからこそ、井深大（まさる）さんはじめ同社の技術が光った。フェイスブックだって結局、マーク・ザッカバーグの天才性をシェリル・サンドバーグが普遍化する。「好かれる役」のひとがいるから、売れる。

小林 うん、「好かれる役」はすごく重要だと思う。

柳瀬 その意味で言うと、さっきのこばへん理論でいう「誰でもアイドル」の部分というのは、商品のみならず、そういうビジネス的なチームの中でもアイドルの役割が必要だということ。極論を言えば、営業＝アイドル、です。

小林 営業にはアイドルを雇えと。

柳瀬 ただし、「可愛い子ちゃん」を営業にすればいいってもんじゃない。まあ、可愛い子ちゃん営業は鉄板ですが（笑）。意外と丸っこいオッチャンだったり、ヤンキーあがりのトッぽい兄ちゃんだったり、近所のおばちゃんだったり、営業アイドルにはいろんなタイプがいる。つまりですね、しつこいようですが、営業もまた「スナック的」なんです。自分の店のお客さんを自身の魅力で掴んで離さない、って意味で。ウェブ時代って、「ある種のスーパーマンしか生き残れない」わけじゃないんだよね。「好かれる力」もまたすごい能力なんだ、と。オタクもアイドルもどっちも重要。そうなると、組織のほうも、のっぺりと勉強のできるやつが集まるより、オタクがいたり、宴会部長がいたり、数字一筋がいたり、アイドル営業ができるのがいたりと、さまざまなキャラが混成しているチームが望ましい。

小林　一人ずつが際立っていれば、多民族型にしてカルチャーやバックグラウンドが本当に違うメンバーによって、最強のチームが構成される。夢のある話だよね（笑）。

第4章

デザインを制する者が市場を制す

デザインと物語のマッチング

柳瀬　みんなが「スマホを持った原始人」になって、それぞれが「小さな村」に棲むようになって、社会やビジネスをめぐる状況が激変している中、それでも成果を上げている企業や組織の特徴として「人が欲するデザインと物語を合体して提供している」ということがありますよね。

小林　そこでのキーワードとなる「デザイン」って、かなり広い意味が含まれているけれどね。

柳瀬　「自分なりの生活をしたい」という欲望や意志を具体化すると、つまるところ「自分なりのデザインの中に住みたい」ということになるんじゃないのかなあ。それは単なる壁の色から、何がどこに配置されているかとか、そういうディテールも含めて全部。モノで満たされるまで、人々の欲望は、「冷蔵庫があればいい」「テレビがあればいい」と、まずは「あればいい」だった。欲しいのはテレビや冷蔵庫の「機能」のほうで、日本の技術はもっぱら機能を量的に拡大する方向に進められた。とりわけ家電などの多機能主義にそれは顕著なんだけど、代わりにおざなりにされたのが「デザイン」だった。多機能主義のデザインって、「こんなに機能がついてます」を体現するものだから、必然的に宇宙戦艦ヤマトみたいに機能丸出しのごちゃごちゃになる。波動砲だのなんだのが満艦飾で並んで。

小林　「なんちゃってデザイン」というか、見た目がゴチャゴチャしているだけのデザインだよね。

柳瀬　その多機能丸出しデザインって、ある意味でオリジナリティがあって、かつてのアメリカのラッパーが、日本製のゴチャゴチャしたでっかいラジカセを面白がって、あれを持ち歩いて見せびらかしたりしたわけだけど。ただ、それはあくまで例外。多機能丸出しデザインを作った日本においても、消費者のほうはとっくにモノに満たされてしまって、自分なりの「心地よい場」を求めるようになっている。いま必要とされるのは、そんな心地よい場の体現としてのデザイン。モノから服から空間から家や街にいたるまで。残念ながら日本では、心地よいデザインを企業が体現し切っていない。だからこそ、枯れた市場だと思われていた家電の世界で、ダイソンに掃除機や扇風機のシェアを奪われたりする。

小林　今までのコスト合理主義的なやり方であれば、数字だけ見ていればよかったから、「どこで安く生産して、どこで利ざやを抜くか」という話だった。でも、そういう事務屋的な発想は、もはや行き詰まっているんだよね。デザインは顧客体験のひとつだから。

柳瀬　しかも「デザイン」にお金をかけるのって、実はものすごく効率がいい。デザインは「固定費」的だから、よいデザインのおかげでモノやサービスが売れるほど、投資効果は高くなる。

小林　ユニクロは、途中でそれに気づいたんだよね。最初は単に「田舎の服屋が東京に出てきた」という感じだったけど、やっぱりADを起用してから変わったよね。

柳瀬　ユニクロの場合、商品のデザイン、お店のデザイン、ロゴのデザインからコマーシャルまでを統一してブランドイメージをコントロールしたことで、大きく成長した。経営者の柳井正氏自身が「デザインが大切だ」ということを知りぬいている。「製品とお店とコマーシャルとウェブと、全部をトータル・デザインの枠組みでコントロールしている企業」ということを、ユニクロは今それを自覚的にやっている数少ない日本企業だよね。海外で言えばスターバックスが同様です。

小林　そこにブランド・ヒストリーが加わってくると、ポルシェや一時期のBM

Wみたいに、展開している車種は他対比では圧倒的に少ないのに、むちゃくちゃ高利益で、ユーザーが喜んで高いお金を払っていくみたいな、理想的なエコシステムの循環に突入しちゃう。総合メーカーを目指して多種展開に着手したメルセデスが苦境に立たされたり。

柳瀬　デザイン戦略って、その会社の「顔」をつくることでもあるよね。

小林　実はそこが日本企業の弱いところで、たとえば自動車メーカーもモデルチェンジのたびにデザインを変えたがるでしょう。昔、ホンダが顔を一緒にした時期があって、口さがない日本人は「金太郎アメだ」と（笑）。最近レクサスやマツダがまたやっているけれど、たぶんヨーロッパのメーカーには、その黄金律のコンテクストなりが、ずうっと前からあるようだね。

柳瀬　日産自動車は、カルロス・ゴーン氏がトップについたとき、中村史郎さんをいすゞから連れてきて、明確にデザイン戦略を始めた。でも、ゴーン氏がもっと早くに日産のトップになっていたら、自動車の歴史が変わっていたかもしれない。

小林　なぜ？

柳瀬　21世紀、自動車業界で一番頭角を現したブランドのひとつがドイツのアウディ。かつてはメルセデス・ベンツとＢＭＷの後塵を拝していたけれど、いまやプレミアムブランド3強の一角。そのアウディの躍進を支えたのがカーデザインの進化で、そのアウディのデザインの中心にいたのが、今は独立された和田智さん。大胆なグリルを持ったセダンのＡ6、アウディ初のＳＵＶのＱ7、流麗なクーペのＡ5など、すべて和田さんの作品。ところがこの和田さん、元はといえば、日産の社内デザイナー。80年代に「くうねるあそぶ。」の初代セフィーロをデザインした天才です。もし和田さんが社内にいるうちにゴーン氏が日産のトップに着任していたら、アウディを躍進させた和田さんの才覚は日産でさらに花開いていたかもしれない。

小林　今は、ピニンファリーナやＢＭＷで活躍しているのも日本人のデザイナーでしょう。

柳瀬　そうそう、ピニンファリーナのほうは奥山清行さん。フェラーリやマセラッティのデザインで有名です。今は独立して山形新幹線やヤンマーのトラクター等をデザインしている。ＢＭＷに在籍しているのは永島譲二さん。奥山さんは1959年生まれで、和田さんが61年、さらに永島さんが55年生まれで、全員武蔵野美術大学の出身なのね。

小林　ああ、そうなんだ。ムサビからワールドワイドな巨匠が3人も出ているというのは、すごいね。

柳瀬　アウディにフェラーリにBMWのデザインをしたのがムサビ卒の日本人。「世界のトップ・オブ・トップ」に日本のデザイナーがいる、ということです。デザイナーの分野で日本は世界に伍していける。ということは、なぜ日本企業の製品のデザインがいまいちなのか、という理由もはっきりしてくる。日本にないのは、デザイン能力ではない。デザイン経営がないんだ、と。

小林　そうだね。彼らの能力を活かしきれない。

柳瀬　ちょっと前だとオペルも日本人がデザインをやっていたし、ザガートも日本人、日産の中村史郎さんもGMと関わっていた。

小林　昔、野茂みたいなメジャーリーグで活躍する選手が一人出てきたから、大リーグへの道筋ができて、結果、今のイチローやダルビッシュがあるように、そういう人たちがいてくれたら、またムサビ出身のデザイナーがその先に行けるものね。イタリア人に「お前、ムサビ出たのか、ちょっと来い」みたいな感じで（笑）。

柳瀬　本書のブックデザインを手がけるインフォバーンの木継(きつぎ)則幸さんもムサビ卒（笑）。和田さんに以前お話をうかがったんだけど、アウディだと経営トップのデザインや美術などに関する教養の深さがハンパなくて、デザインを明確に自分たちの経営の中心に据えているそうです。新車発表会があると、経営トップだけじゃなくてデザイナーが挨拶する。日本のメーカーではまずあり得ない。フォルクスワーゲンがゴルフの新作を日本で発表したときは、社内トップデザイナーのワルター・デ・シルヴァに加え、初代ゴルフをデザインしたジョルジェット・ジウジアーロまでが登壇した。

小林　だからこそ、アウディは今でも世界的にも調子がいいけれど、実はあそこの車を買っている最近の客層って、昔ながらのクアトロに憧れてというエンスーはごく少数で、ある意味で車好きじゃなく、流行に敏感な人のほうが多いんじゃないかって思う。悪口じゃないよ、念のため（笑）。

柳瀬　アウディはデザインが自分たちの商品価値の中心にあることを戦略的にわかっていると思う。『日経ビジネス オンライン』では、アウディと組んで、慶應義塾大学の学生と市場リサーチをする企画をやったことがある。学生たちは「車を買わない、という若い連中に車を買わせるにはどうすればいい？」ということを調査して、チームごとにソリューションを発表した。つまり「もう車が売れない」ということを前提にアウディも日本マーケットを考えている。徹底的にデザインにこだわるのも、ある意味でアウディがプレミアムクラスでは後発だからという側面がある。すでにブランドが固まっているメルセデスやＢＭＷだとなかなかできない。もっとも、最近のメルセデスはコマーシャルにスーパーマリオを使ったりしてるけど（笑）。

小林　そういえば、かつてメルセデスがマイバッハを買ったじゃない。自分たちよりもさらに歴史のあるところを買っている。これって要は、歴史のあるところがお金を出して、さらなる歴史を買っているんだよね。ところがアウディって車好きの間でも共有されるような歴史が少なくて、海外勢に対抗すべく、民族系4社が集まったアウトウニオン時代の話とか、マニアックすぎる。逆に伝説がいまから創れるからこそ強いのかもしれないよね。だからアウディの商法を他のビジネスに展開できるとすると、光るものさえあれば、「これからは歴史がなくても強い物語が作れる」という点で、希望を与えてくれる。

柳瀬　時計で言うと、フランク・ミュラーも似ている。老舗のような顔をしているけれど、１００年以上の歴史を持つブランドがごろごろしているスイス時計業界にあって、フランク・ミュラーが登場したのは１９９０年代。まだ20年そこそこの歴史しかない。時計職人のフランク・ミュラーさんが作った超新参者。そんな新参者が市場で地位を築けた大きなポイントのひとつが、あの縦長のデザイン。誰が見てもフランク・ミュラーの時計とわかる。デザイン戦略なしにフランク・ミュラーの短期での成功は考えられない。

時計もクルマも技術的にはかなり天井を打っている。だからこそ、「好きでしょうがないやつ」は別として、自分のお気に入りのモノで生活まわりを揃えたいレベルのユーザーに対しては、デザイン戦略は最も重要。アウディやフランク・ミュラーのようにデザインを重視する戦略は、自動車や時計のように成熟し飽和している市場で一気に台頭するためには、たぶん数少ない勝ちに行く方法だ。

小林 たしかにそう考えると、すでにある要素のコンパイルが妙味だね。技術的にはフォルクスワーゲンとの共用だし、あとはパッケージ勝負だと。超精緻なインテリアとエクステリア、LEDのお目めさんで化粧もばっちり。クアトロやアルミフレームなど、技術的ハイライトは死守しつつも、最近の乗り味はあくまで人工的で、むしろそこを強調している気もする。チョイ乗りすると、最近は良くも悪くもドイツ臭がしない。昔のドイツ車は、「車はこう乗れ」とこっちが怒られてるみたいだった（笑）。

柳瀬 日本の企業も、「見た目」がいかに市場を制すポイントになるか、自覚した方がいい。

優れたデザインは、ロジックを紡ぎだせる

小林　アップルの組織については、アダム・ラシンスキーの『インサイド・アップル』(★1)って本があるけど、もう読むとまったく「こんなの真似できないよ!」って思うよ。本当にジョブズがすべての中心にいて、彼のアイデアを忠実に実行する部隊がアップルだったんだけど、今後のデザインコンシャスな組織もそういったものになるのか、もしくは今までのあらゆる大企業のいい部分を活かしつつ、オリジナリティを加えていくような形もあり得るのか?

柳瀬　アウディや日本のマツダが、どうやってデザインをマネジメントしたのかって、知りたいよね。

小林　アウディは「自動車業界の奇跡」と言われているからね。今後、教科書に載るべき事例かと。アカデミズムとしてリサーチはしているだろうね。

柳瀬　スタンフォード大の「d.school」(★2)や、向こうのビジネススクールでもやっ

★1
『インサイド・アップル』アダム・ラシンスキー、早川書房

★2
d.School：スタンフォード大学が行っている、創造的な製品やサービスを生み出す「デザイン思考」を教える学科横断型プログラム。

ているでしょう。日本でも世界で活躍しているトップデザイナーを東京大学あたりが招聘して、特任教授にして、彼らに直接教わるのがたぶん一番いいんだろうけど。

小林 単にデザインの話だけじゃなくて、ユーザー体験も含めた、上位のデザインというものも、いま重要になってきている。ただ、それを教える学校はほぼないんじゃないかな。

柳瀬 デザインって、「物語の映像化」だよね。コンテクストを一目で分かる絵にする。デザイナーは、「世界」からコンテクストを「言葉」として抜き出して抽象化する。話は変わるけど、絵を描く仕事で一流の人がみんなコラムの名手なのは、「絵を描く」って「言葉にする」のと同じ「脳みその行為」だからだろうね。和田誠さん、東海林さだおさん、赤瀬川原平さん、南伸坊さん、リリー・フランキーさん、西原理恵子さん……。絵で語るって、ものすごく論理的で理性的な行為なんだよね。

小林 感性です、としか説明できないのは三流。ワールドワイドな仕事には就けない。

柳瀬 デザイナーの才能って、「いい絵」を作り出すと同時に、「なぜそれがいいのか」の説明がちゃんとできることがセットになっている。自分の作ったデザインに対してロジカルな言葉を用意できるかどうか。

小林 たしかに。それね、デザイン以外の分野でもそうだよ。アスリートでも一流選手は、自分のプレイや技術を言葉で説明できるんだよね。

柳瀬 とある広告企画で数年間にわたって一流アスリートにずっとインタビューをしているんだけど、ジャンルにかかわらずトップのスポーツ選手は、みんな「頭がいい」。そして、自らの技術、戦略を明確に言葉で説明できる。野球、サッカー、バスケ、スキー、ボクシング、柔道、レスリング——。どの競技も例外なく。

でね、不思議に思ったんだよね。なぜ僕はそれまでスポーツ選手を「頭がいい」と思ってなかったんだろう。理由がわかった。メディアのせいです。つまり、スポーツを描くメディアが、ただのスポーツオタクの視点しかなくなっている。とあるトップ野球選手にインタビューした時「記者のほうが僕より僕の過去のデータに詳しいんだよね」と話していた。まあ、それはいいんだけど、トップに立った人間がどうやって意思決定をしているのか、失敗したあとのマインドセットの仕方はどうしているのか、練習の時にどんな仮説を持って時間を使っているのか、なんて話は、普段のスポーツ紙やテレビニュースにはあんまり出てこない。

かつて、日本を代表する野球選手にうかがった時しびれたのは、「3割打つってどういうことですか?」と質問したときの答え。ほら、野球の打率って一流選手で3割台が上限でしょ。じゃあ、打席に立っている時、7割は失敗する、と思って打っているんですか?と聞いたわけ。そしたら彼はこう答えてくれた。

「3割ってね、限りなく10割に近いんですよ」

「?」

「まずね、投手の球が自分より絶対に勝つ時がだいたい2割、それから、自分自身の調子が絶対的に悪い時がだいたい2割、そして、打った時点では『勝ち』なんだけど打球の方向でアウトになっちゃうことがやっぱり2割、全部足すと6割。すると残った打率は4割。つまり、自分が絶対に勝つ、という球をほとんどヒットやホームランにしているのが3割台という数字なんですよ」。とまあこんな具合に、一流選手にスポーツ選手としての「戦略」や「経営」を聞くと、実にロジカルに刺激的に話をしてくれるわけです。でもメディアがこうした話をなかなか追いかけない。沢木耕太郎さんの亜流みたいな「鈍色の雲が立ちこめていた。××は、静かにバットを手にした」なんてニュージャーナリズムもどきだったり、ミーハー路線だったり、はたまたスポーツオタク的な記事だったり——。

小林　なるほど。何のための知識なのかということね。経営史に通じていても、経営の現場では意味なかったりするからね。それは面白いね。

柳瀬　「トップに行ったスポーツ選手」というのは、自分のやっていること、その時のマインドセットから、なぜそうしたのかまで、きっちり言葉で説明できる。メディア上では「ワイや！」の清原さんにだって、知的に面白い話は絶対に眠っている。

小林　たぶん訓練としてロジックで説明するような機会がないので、ボキャブラリーを持ってないだけ、ってこともあると思う。でも、アスリートもそうだしデザイナーもそうだと思うけど、一見感覚や肉体に頼っているように思えるけれど、超一流のレベルになると、実はロジカルなんだよね。

デザイナーと翻訳者のパートナーシップ

柳瀬　よいデザインは、スポーツと同じで、身体的な表現行為だから、ある種の運動神経の良さから生まれるところがあると思う。だから、誰もが良いデザインを直接描けるわけじゃない。デザイナーという仕事はやはり限られた人の仕事。でも、あらゆるところにデザインは必要。となると、重要になるのが「翻訳」や「編集」という仕事だと思うんだよね。デザイナーの価値を翻訳したり編集して、実際の商品やサービスに落とし込む、翻訳者や編集者のような仕事が、よいデザインを具現化する上で欠かせないはず。

小林　それが本当はエディターなんだけどね。でも、そのレベルの人は少ないよ。

柳瀬　日本の今の企業からよいデザインが生まれにくい理由も、経営者とデザイナーの間に、デザインの翻訳者や編集者がいないからじゃないのかな。

小林　つまり、そういうパートナーシップが結べる相手がいるかどうかが、デザイナー型マネジメントの肝になっているということだよね。稀に自分で全部やっちゃう人とかいるけど。ジョブズの場合は、デザイナーのジョナサン・アイブとまるで相棒のように語り合っていたらしいよね。そして、一方でティム・クックを見つけたのがすごくデカい。だってジョブズがロジスティクス（★3）なんか、興味あるわけがないだろうし。

柳瀬　フェイスブックで言うと、創業者でプログラムを書くザッカーバーグのところに経営者であるシェリル・サンドバーグがやってきたのも同じことだね。

★3
ロジスティクス（Logistic）：材料の調達から生産・販売・在庫管理に至るまで、モノ、情報、サービスの流れを効率的にマネジメントするプロセス。

小林　サンドバーグが「結局自分の役割というのは、それまでのフェイスブックのカルチャーを変えずに、ビジネスを変えることだ」みたいなことを言っていたよ。要はこちら側に親分がいて、親分の哲学がありつつ、でもそのままじゃオマンマが食えないから、どうやったらその哲学を曲げないで、会社としてやっていくかと。フェイスブック広告という発想は、うまくそれを捌えたと思う。

柳瀬　「ザッカーバーグの哲学を曲げないでやる方法を具体的に考えていったら、結局やっぱり広告でメシを食う、じゃん」っていうことで、それをやったのがサンドバーグだものね。アップルにしても、いまのトップのクックが実務家として天才ジョブズの翻訳家として経営を支えていたからそもそも成り立っていた部分があるわけだし。「クックになってからのアップルは全部ダメだ」という話は、半分見当違いだったりする。フェイスブックやアップルの場合、創業者自身が「デザイナー」であり、その「デザイン」のビジネス上の翻訳者としてプロ経営者が支えている、という構造だよね。

小林　クックほどの実務家はいないと思うよ。

柳瀬　クックやサンドバーグのような、翻訳者にして経営者という役割があるからこそ、「ある種の狂人であり、天才である」ジョブズやザッカーバーグが活きるわけだよね。ザッカーバーグにしても、「経営そのものは俺の仕事じゃない」と自覚していた部分があるからこそ、外部から引っ張ってきたサンドバーグに任せることができた。

小林 逆に言えば、やりたいことがはっきりしていたので、「むしろそういうのはお前に全部任せた！」って感じだろうね。

柳瀬 「俺はなんか次の新しいことを考えるから、できあがったことは全部任せた」と。ジョブズやザッカーバーグは、創業をし続けたいひと。シリアルアントレプレナー。永遠の開発者。

小林 そう。もしかしたらハーバードや東大とかが教えなきゃいけないのは、むしろ「サンドバーグとかクックみたいな人間を育てる」というところかもしれないね。

柳瀬 ジョブズやザッカーバーグや、あるいは本田宗一郎なんかは育てようがない。たまたま出てくる彼らの天才性を翻訳し、マネジメントする実務家が必ず必要。

小林 天才を見つけたら、やることはひとつ。実務を行え、と。

柳瀬 天才を成功に結び付けるのか、あだ花として消しちゃうのか。実はマネジャー＝実務家＝翻訳者＝編集者の手腕にかかっているとも言える。これ、作家や漫画家にも言えるよね。いちばんラッキーなのは天才と実務家がタッグを組んでスタートすること。ダウンタウンにしても、ホンダにしても、ソニーにしても。

小林　たまたま浜ちゃんと松ちゃんは同級生で、気心も知れていたからいいんだけど、これを後天的にマッチングさせなきゃいけないとなると、ここがけっこうむずかしいよね。今までは偶然出ていたんだよ、本田宗一郎さんと藤沢武夫とか。

柳瀬　ソニーもそう。

小林　それが「ジョブズとウォズ」だとダメだった。あれは両方とも変だから(笑)。

柳瀬　面白かったけれど、それだけでは空中分解(笑)。

ユーザー体験をデザインする

小林　ルノーが、新しく出した小型車 ウインドについてコメントしていたけれど、デザインで競合するのは他社の車じゃなくて街なんだって。あれだけのすごい建築物があるから、それらと張り合わないといけないのね。

柳瀬　前述の和田智さんがアウディ時代にまさに同じようなことをアウディのCEOに言われた、と。「ヨーロッパは石の街だ。その存在に対峙できるデザインをしろ」って。すごいのは、アウディの経営トップがクルマのデザインはもちろん、街の建築や歴史やデザインに関する素養がハンパない、ってこと。だからトップがデザイナーに的確に指示ができる。一方で、日本のサラリーマン大手企業でデザイナーと経営トップが直接やりとりするケースは実に少ない――複数の外部デザイナーから聞きました。

小林　デザインの話なんか、まずしないからね。

柳瀬　デザインは消費者がその商品に初めて出会う「顔」だから、もろに経営の問題なんだけどね。日本のデザイナーも、現場も極めて優秀だから、これはひとえにサラリーマン企業のマネジメントに原因がある。

小林　デザインの話って、プロダクトデザインに留まらないんだよ。ジョブズみたいに「包み箱には、どういう箱を使うか」という話にもなるからね。デザイナーが自動車会社をやるんだったら、ディーラーや導線、接客のデザインからまず考えるだろうね。

柳瀬　イケてる会社、デザインコンシャスな会社は、商品はもちろん、企業のロゴ、オフィス、販売店の意匠、バイトの制服、カタログ、ウェブページに至るまで、徹底的に統一を図る。うまくいっていない企業は「ブランディングが大切だ」「デザイン命」と言いながら、全部バラバラに発注していたり。

小林　コマーシャルも、デザインとつながっていない。

柳瀬　トータル・デザインという発想が抜けちゃう。

小林　「デザインの意思」というのかな。実はデザインって、表層的な意匠ではなく、ユーザーが製品を発見して購入、そしてその後までをも考えること。つまり、ライフサイクルの一環だから。

柳瀬　つまり、消費者がその商品やサービスとどう出会い、どう好きになって、どう買ってくれて、どう使ってくれるだろうか、ってことだよね。自動車を例にとると、たまたまテレビでコマーシャルを見る。あるいは雑誌で記事を見る。街で走っている実車を見かける。気になって、ディーラーを訪れる。そこで車に近づき、カタログをもらって……、今ではウェブではじめて見かけるケースも多いだろうね。つまりこの一連の「消費者との出会い」が魅力的かどうかで、お客さんになってもらえるかどうかを左右する。その時、一連の出会いのデザインが素敵かどうか、統一されているかどうかは、実に重要なポイントになる。

小林 フィリップ・コトラーがいいことを言っていて、「すべての製造業はサービス業である」と。つまり商品がユーザーに対してサービスをするわけで、そこで売られているのは経験である、ということだね。

柳瀬 そうだよね、経験＝エクスペリエンスを売っている。

小林 実は出版社もそうだと思っていて、言ってみればすべてのメディア企業はサービス業なんだよ。

柳瀬 もちろん。

小林 でも、中の人はそれを理解していないことが多い。取次経由で書店に本を置くことがすべてだと思っている。加えて言えば、ユーザー体験の設計について、デザイン事務所とかに都度外注している企業がほとんどだけれど、そうすると代理店の提案で、体験そのものがバラバラになるんだよね。

柳瀬 そうなるとユニクロやアップルやスターバックスなどデザインを経営トップがマネジメントしている会社は、業種にかかわらず、皆、商品デザイン、店のデザインからロゴ、コマーシャル、ウェブにいたるまでびしっと全部統一している。結果、その会社のイメージが、社会のさまざまなところで統一された形で浸透していく。つまり、デザインを通して、ブランディングが行われる。「知ってくれる」人がどんどん増える。デザインを軸としたブランディングって、直接の商売のみならず、人材募集からIR（投資家向け広報）に至るまで、ワンストップで影響力を及ぼすことができるんだよね。

包装紙ひとつとってもデザインは重要。アマゾンの空箱に至っては、あれを使ってマンガの『よつばと！』(★4)の「ダンボーくん」のフィギュアが発売されたりするくらいで、箱自体がキャラになる。段ボールがアイコンになっている。もともとファッションブランドや百貨店はみんなやっていたことなんだけどね。ルイ・ヴィトンやエルメスやアルマーニのショッピングバッグは、買い物したお客さん自身が街を歩くだけで「広告塔」になってくれるツール。「三越の包装」も同じ。百貨店は包装紙のデザインでブランディングする、ってことに関しては時代の先を行っていた。そもそも百貨店というお店そのものが、わざわざ来たお客さんに買い物の喜びを教えるという意味では、ユーザー・エクスペリエンスをビジネスにしてきた、とも言える。

小林　「包み方」からして、日本ってバリエーションがいっぱいあるでしょ。

柳瀬　昔、百貨店のアルバイトをしていたからよく覚えているけれど、キャラメ

★4
『よつばと！』あずまきよひこ、KADOKAWA

ル包みから丸く円筒形に包むやり方までそれはそれは多岐に渡っている。日本の百貨店の包装ってすごいですよ。

小林　その「包む」ことをもっと広義な概念で捉えて、「包む」ことにイノベーションを起こすということだよね。モノのラッピングだけじゃなくて、たとえばディーラーをどう包むかとか、すべてはデザインの問題にかかわってくることだから。

柳瀬　自動車の話に戻ると、『日経ビジネス オンライン』で自動車コラムを担当しているフェルディナンド・ヤマグチさんに聞いたら、売れている自動車のここ数年のトレンドは「次世代機能搭載の商品」。たとえばスバルのアイサイトがすごい、とのこと。スバルってそれまで走り屋志向が強かったブランドなんだけど、自動運転に近い思想でブレーキングや直線走行の補助をしてくれるアイサイトが出てから家庭における女性票を獲得し、圧倒的に売れるようになったんだって。かつてのレガシーは、四駆の好きなカーマニアのオヤジが買っていたのが多かった。モデルチェンジでアイサイトを搭載して図体がでかくなったとき、「こんなのレガシーじゃない」と旧来のファンからは不評だった。でも、アイサイトの搭載で運転時の安全性が飛躍的に高まった結果、ファミリー層の新規開拓ができて、結局ビジネスとしては成功したって話。

小林　自分もアイサイト機能は欲しいよ。車庫入れでも重宝しそう。

柳瀬　夜なんかだと、背後に駐車する時に、見えないでっぱりや障害物があっても確認できないもんね。アイサイトのようなセンサーがあれば、ぶつけたりしなくて済む。

小林　もうすぐほとんどの車に搭載されるだろうね。

柳瀬　こうした次世代のセーフティ技術を積極的に取り入れようとしているのが、ヨーロッパではボルボ。ボルボはもうアイサイト以上で、全包囲型のヒト認知システムとか、そういう機能まで入れていて、走行時の自動運転のレベルも「運転手、いらない?」って感じになっている。フォルクスワーゲンも、CMなどで自動縦列駐車をアピールしていたでしょう。

小林　たしか日産も、無人運転の研究はずうっとやっていたよね。道路に埋め込んでいるセンサーを頼りに、車間距離を保ったまま、勝手に運転してくれるシステムとかね。

柳瀬　グーグルが今、自動運転システムの運行をやっているでしょう。というわけで、実は車の世界って、すでに「デザイン」の次の「次世代機能」のところにまで来ていて、ヤマグチさんの取材によると、ボルボの上層部なんかは「交通事故そのものを過去の遺物にしたい」って本気で言っている。交通事故なんてものがあること自体が前近代な話で、それをなくそうよ、という提案だよね。

小林　すばらしいね。

柳瀬　「自動車の運転を楽しみたいんだったら、サーキットで自己責任で楽しめ。まず交通事故のない世界の実現のほうが先だろう?」ってことだよね。「交通事故をなくそうぜ」というのも「見た目がカッコいいね」というのも、共通するのはメーカーが主人公じゃなくて、コンシューマーが主人公ってことです。

第5章

未来を予見できない時代の組織論

会社はすべからく「属人化」すべし！

柳瀬　2014年のノーベル物理学賞に、かつて日亜化学のサラリーマンで、最終的に会社と大げんかしてアメリカに移民しちゃった中村修二さんが選ばれた。日本の大きい組織って「属人性」をものすごく嫌うところがある。でも、ベンチャーってそもそもが全部属人。個人の妄想と能力と実行力がスタートにある。ベンチャーが当たるのってせいぜい100社に2、3社。じゃあ、ベンチャーキャピタルは、投資家は、何を頼りに投資するのか？　やっぱり「人」を見るしかない。

いまはまさに時代の変わり目。ウェブで世界がつながった。一方で、日本は高齢化が進み、市場が縮小していく。昨日までのやり方が全部通用しなくなる。組織の大小に関わらずあらゆる企業にとって、生き残るための新しい仕事は、「個人」から生まれる、といっても過言じゃない。まさに「スマホを持った原始人＝ギャートルズ2・0」たちが次の時代を創る。そんな「原始人」の蛮行に賭けられない組織に、明日はないと思う。

小林　その通りだね。顔の見えない組織は責任も功績も曖昧にしておけるから。

柳瀬　高度成長期は、大量採用して真面目に働いてもらう仕組みを作るのが一番企業としても効率がいい。とはいうものの、そんな時代だって、開発にしても製造にしても営業にしても、「現場」は常に「顔が見える仕事」であったはずなんだけど。

小林　自動車会社が良い例だけど、自動車に興味ない人がいまは入社するからね。出版もそう。つまり、安定企業だから入社するわけ。イノベーションってコミットメントがないと起こせないから、最初は興味なくてもいいから、その頭でもっと新しい発想出さないと、いつか行き詰まる気がするけどね。

柳瀬　実際には高度成長期だって、もちろん今だって、モノを創ったり、売ったり、買ったりという「現場仕事」は永遠に属人的で、顔が見えてないと仕事にならない。現在、1000人の営業部門がある会社の4分の1くらいが、中間管理職的な仕事をしているとするならば、たとえば、1000人全員が「現場を持って属人的に仕事をする」って体制にできないのかな？　そこで、経営者であるこばへんに聞きたいんだけど。

小林　何？

柳瀬　日本の多くの企業の場合、1000人をピラミッド型に積み重ねてきた。それをみんなが現場を持っている組織にして、時代の変化にどんどん先んじられるようにする。ただし、そんな風に属人的に動ける1000人は、これまでピラミッドの中にいた1000人と同じ人。ピラミッド型に対応したように、属人的な形で1000人ひとりひとりがちゃんと現場を持つ――そんなことってできるのかな？

小林　んー、そこも「デザイン」次第だと思うよ。報酬体系とは違う価値観のデザインとか、権限委譲のデザインとかかな。そして、これは当たり前の話だけど、適所適材は重要だよね。違う部署でパッとしなかった人材も、ある部署ではスターになるというのを、何度も目の当たりにしてきたよ。つまり、モジュールタイプだと思っていたら、違ったとか。逆もあるだろうしね。

柳瀬　得意な仕事を延々とやらせる？

小林　でも、本人が得意だと思っていることが、実は得意じゃなかったりする。

柳瀬　「好きなことと得意なことは必ずイコールじゃない」ってことか。たしかに「好きなこと」と「下手の横好き」がごっちゃになってるケースだってある。

小林　たとえば、そういうデザインを「意図してできる場合」もあるけれど、「意図してもできない場合」のほうが多いような気がする。逆に「意図しないでできる場合」もあって、結局そういう偶発性をどれだけ高められるのかって課題だね。

その意味で硬直化しやすいのは人事部だよ。現場を理解せず、また事業を知らなさすぎる人事部が会社を潰す。前線と離れているし、そこだけ権限を掌握しちゃっているような人事部が、しょうもない人事をして会社をダメにするんだよ。

柳瀬 21世紀に入って、業態が大きく変化した企業ってすごく多い。総合商社は、かつての貿易や問屋機能はほんの一分野で、シェールガスの開発や発電所事業やスマートシティ作りなんかまでやっている。電機メーカーも消費者向けの家電部門を縮小して、自動車関連や住宅関連にシフトしていたりする。ということは、会社の現場でほしい人材も、会社の現場で機能する組織形態も大きく変化している。従来の本社に閉じこもったままの人事部門だと、人材採用にしても、人材登用にしても、市場のニーズに対応できないよね。

変化に合わせて迅速に対応できる強靭さを持て

小林　新規事業を始めてから、ずっと走りながら考え、改修していっていると思うことが多々あるわけ。「完成版ができるまで溜めておいて1年過ごすよりは、ベータ版でもとにかく出してしまおう」と公開するんだけど、そうすると「こうしたらいいんじゃない？」というフィードバックも出てくるし、いろいろなお客さんもついてくる。「なんで完成していない状態のものを我々に見せるんですか？」という人は、意外と少ないの。

柳瀬　ソフトの世界と同じで「まずベータ版のレベルでいいから、早く出すことが肝心だ！」ってことか。

小林　そうそう。だけど、それが金融系相手だと、平気で彼らは「5ヵ年計画出せ」とか言うのよ。5ヵ年なんてさ、わたしたちの業界で言ったらSFの世界だよ。だって、3ヵ月先でもわからないんだから。そのくらい技術革新が激しいし、走りながら考えていると、市場のフィードバックを受けてどんどん変化せざるをえない。だから、もはやこれからはスタートアップについては見るべき観点が違ってくるんじゃないかな。

柳瀬 携帯電話の歴史の短さを考えてもそうだよね。携帯電話が本格的に普及し始めたのが90年代終わり。iモードが出たのは2000年。携帯電話とインターネットがセットになり、ケータイゲームやケータイ小説なんかの市場が2000年代半ばに大きくなった。と思ったら2007年にiPhoneが登場して、時代はスマートフォンに。巨大産業であり、情報のインフラとなった携帯電話の歴史って、まだ20年も経っていない。スマホに至っては登場から7年しか経っていない。50歳前後の僕らは90年代の「ケータイもインターネットもない世界」を知っている。ウインドウズ95が登場した95年から未来を眺めた時、よもや携帯電話がメディアや社会の必須インフラになるなんて想像もつかなかった、ということを覚えている。だから、思うんだよね。10年先どころか数年先の未来すら予見なんかできないって。

小林 そう、「予見すること」自体が間違っていると思う。だから、たとえばさっき「5ヵ年計画を出せ」という話をしたけど――これはフェイスブックのシェリル・サンドバーグも言っていたらしいけれど――「3ヵ月置きで軌道修正していく」のね。彼女は「アジリティ（迅速さ）とロバストネス（強靭さ）」という言葉を使っているけれど、早い話が「外部の環境変化に合わせて迅速に対応していける強靭さを持て」ってことだよね。
　開発で言うと、ウォーターフォール方式で、仕様まで細かく決めてから開発にかかるんじゃなくて、アジャイル（俊敏）なやり方でいくしかない。善し悪しはともかく、いま会社の戦略自体が5ヵ年なんて保てないからね。長編小説の時代は終わっている、散文から詩により近くなっていると思う。なので、これからの経営者はたぶん詩人じゃないと務まらない（笑）。

柳瀬　そこが面白いよね。

小林　でも、ある程度の物語があっての詩なんだけどね。

柳瀬　おそらく巨大な世界観は持っている必要がある。あるいは世界の法則は知っている必要がある。もしかすると進化生物学的な、あるいは量子力学的な。その上で、己にとって都合のいい「物語」に惑わされず、瞬間瞬間の状況に応じて、詩人のように、コピーライターのように、瞬時に短い「答え」を紡ぎ出す。巨大な法則と、瞬時の詩。

小林　両方見られることが大事なの。でもそれって、80年代に浅田彰が言っていた「スキゾ」っぽいかな。

柳瀬　ベンチャーに賭けるほうも、リトルビッツ＝『小さく賭けろ！』の世界になっちゃうわけか。先駆者に小さく賭けて、伸び始めたところに一気に集約するしかない。『リーン・スタートアップ』（★1）も同じ話だ。

小林　ただし『リーン・スタートアップ』はけっこう誤解されているところもあるけどね。みんなが「リーンに始めたほうがいい」ってことで、「リーンに始めてリーンにやめちゃう」人も多いよ（笑）。わたしなんか起業して月刊誌を創刊するところから始めているから、ヘビー・スタートアップしかしていない（笑）。

柳瀬　たしかに、むちゃくちゃ重たく始めているね。ペイパルの共同創業者でユーチューブやテスラモーターズやリンクトインの誕生に関わった起業のプロ、ピーター・ティールは、『ゼロ・トゥ・ワン』（★2）の中で、リーン・スタートアップ批判を展開している。

小林　気が合いそうだ（笑）。重いぶん、でっかく賭けることも必要な気がする。けれどスコープは短く刻みつつ、ハンドリングもめちゃくちゃ鋭くありたい。さっき言ったコピーライターみたいな人って、たとえば糸井重里さんや仲畑貴志さんがそうだけど、すごく文学的な面があるでしょう。だから背景となる物語の背骨は持っているんだよね。でも、そのうえで小さいコピーを出すから、ブレがない。

★1
『リーン・スタートアップ』エリック・リース、日経BP社
余分なコストをかけず(lean)、必要最低限の機能のサービスや試作品を作り、顧客の反応を見て改良を繰り返すという新しい起業の手法。同名書籍のヒットもあり、広く認知された。

★2
『ゼロ・トゥ・ワン』ピーター・ティール、NHK出版

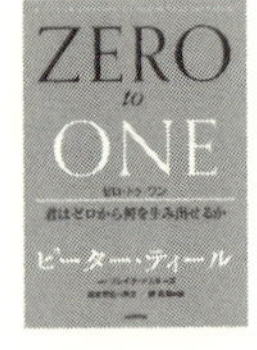

柳瀬　80年代の糸井さんの、たとえば西武百貨店との仕事を今読み返すと、大きな時代の展開をがっちりつかみながら、一方で個々の人間の普遍的な「きもちよさ」や「好き嫌い」みたいなものをポンとひとつの言葉で投げかけてくる。広告という一番「流行り」を発信するコンテンツなのに、びっくりするほど古びていない。今でも「先端」。結局、流行じゃなくて、「人とは何か」を言葉にしているからだろうなあ。まさに「詩人の力」だ。そう考えると、こばへんの言う「詩人」的な力って、今に限らず、ずっとずっと必要とされてきたし、むしろ社会が不安定になった今こそもっともっと発揮する場があるのかも。となると、イマドキの経営者は大変だ。大きな法則をつかみながら、ロジックを理解しながら、現場の仕事ではマジック＝感性を働かせないといけないわけで。

小林　それって優れた「クリエイター」の資質に似ているね。

柳瀬　うん。

小林　だけど一方で経営者に要求される能力って、金勘定と金儲けの才覚だけあれば事足りる面もあって、バックグラウンドのストーリーまでは描けなくとも容認されるよね。ソフトバンクの孫さんなんかどうかかな?

柳瀬　孫さんは、「大きな法則」よりも、「大きくなる物語」を常に志向しているような。あれだけ「大きくなる物語」を持ち続けられるのが特異な才能と思うんだけど。

小林 彼のすごいところは、ソフトウェアの流通、ヤフー、携帯、スマホを含めた通信事業……と、当たりそうなところを次々と見つけて即座に動く反射能力。あの移動性は、商人としてはすごいと思う。留まらないモチベーションもすさまじい。後任はどうするのかな?。

柳瀬 日本のサービス業って、大きくなる物語を持っていても、それを次に渡せる経営者が案外少ない。たとえば流通業がそう。戦後大きくなったスーパーのほとんどが潰れたり、再編したりしている。日本一だったダイエーが潰れ、ニチイが潰れ、ヤオハンが潰れた。日本の大手スーパーで三代に渡って世代交代ができたり、創業家以外にちゃんと引き継げたところって、ほとんどない。勝ち残ったジャスコ=今のイオンの創業を担った岡田卓也さんにしろ、イトーヨーカ堂=セブン&アイグループの創業者の伊藤雅俊さんにしろ、セブンイレブンを創った鈴木敏文さんにしろ、いまだにご存命で、鈴木さんに至っては現役。つまり、事業継承がされていない。一方、創業家から経営を刷新した家電業界の一部は、2000年代半ば以降、苦境に陥った。

小林　日本企業の多くはアメリカ式経営を持ち込んで方向性を見失った時期が大なり小なりあるんじゃないかな？　成果主義と市場主義に偏重していくと、商品力というかマジックがだんだん薄れてくる。今、「物語が紡げていて、なおかつ注目も高まっている企業」というのは、金勘定から入っている気があまりしない。

柳瀬　コーポレート・ガバナンスって、まだ日本の経営の血肉になっていない感じがする。株式が上場されている企業を統治するのは株主であり、株主のチェックを受けた上で経営者は経営を執行する。しごくまっとうな話でそうなるべきだとは思うんだけど、日本の場合、長らく企業をお金の面で統治してきたのは銀行＝メインバンクだったり、株の持ち合いだったりして、その銀行から財務畑の役員が天下りしているケースが多かったから、株式市場のようなオープンの場で「統治される」というのに慣れていない。90年代後半に金融崩壊があってから、「日本でも株主による経営のチェックが必要だ」とアメリカ流のコーポレート・ガバナンスを導入しようという流れがあって、社外取締役を増やしたりしたけれど、オリンパス事件みたいなのが起きちゃった。近年日本で最悪のコーポレート・ガバナンス不在の事件だった。かつての経営陣の企業買収がらみの不正を正そうとしたイギリス人社長を、よってたかってクビにしちゃう。雑誌『FACTA』のスクープなどで事件が露見し、バブル時に被った巨額の損失隠しもばれた。まさに歴代経営陣の不正をチェックできなかったわけで、経営者の暴走を止めるのは株主の仕事、というコーポレート・ガバナンスがまったく働かなかった。

ところが皮肉なことに、一方でオリンパスといえば、内視鏡をはじめ医療器具メーカーとしては世界でもダントツの技術を持ち、多くの利用関係者の信頼を勝ち得ている。かつての本業であるカメラでも、マイクロフォーサーズの「OM-D」シリーズをはじめ、実に質のいい製品を出し続けている。経営陣は最低だったのに、現場の技術者たちは超一流。さっきのデザインと経営の関係にも通じる話。

小林　「社長がいなくても社員は育つ」ってことなのかな（笑）。

柳瀬　「社長がダメでも現場はちゃんとしている」。うーん、でもそのままだと、企業自体が生き残るのは大変だよね。

「マジック」と「ロジック」をつなげるために

柳瀬　マジックとロジック、個人と組織ってことで言うと、才能で創るコンテンツビジネスは、はたして企業の形になり得るのか、引き継げるのか、という命題がある。これは、以前、糸井重里さんに指摘されてはっとしたんだけど、「なぜディズニーは、ウォルト・ディズニーが亡くなったあとも、『夢と魔法の王国』であり続けることができたのか」。アニメ映画で名を成したディズニーは、ウォルトが亡くなったあとしばらくぱっとしなかったんだけど、90年代になって次々と新作を当てて、実写映画の世界にも乗り出して、いまや僕らはディズニーの映画と気づかずに観ていたりする。いまやテレビから映画からキャラクターグッズからアミューズメントパークから全部ひっくるめたアミューズメント総合企業。つまりウォルトの個人的才能を超えた形で、組織としてのディズニーのコンテンツビジネスが継続している。

小林　アメリカって、当たると世界中からカネと情報が集まるから、当たってグイグイいってるところには、それなりに成長をドライブするパワーが集中する。だから旧来の視線、視座を超えた人材と資金を使って次に何を創出するのか、各方面から問われるのかもね。

柳瀬　「世界が俺を見ているぜ」ってこと？

小林　うん、商圏サイズの差は大きい。

柳瀬　一代限りになるのか、ディズニーのように次代に継ぐことのできる体制を作るのか、その岐路に立っているのが、おそらくスタジオ・ジブリの宮崎駿さんたち、ですよね。ジブリを内側から撮ったドキュメンタリー映画、砂田麻美さんの『夢と狂気の王国』を見ても、現時点のジブリは宮崎さんや高畑さんの天才性が中心にあるんだなあ、という気がする。

小林　そこはやっぱりアメリカが強いよね。国家ができる前から軍隊があったようなところだから。

柳瀬　アメリカって国である前に、ある種の企業に近いかもしれない。

小林　システムだよね。たぶん属人性をマジックとするならば、システムがロジックかもしれない。アップルも、ジョブズみたいなマジックなおっさんにティム・クックみたいなロジックがつくのが一番強かったんじゃないかな。たとえばジョン・スカリーと組むのは最も良くない。ジョン・スカリーは、言わばマーケティング屋さんだから。

柳瀬　たしかに。元いたのがペプシ・コーラ。

小林　ある意味、マジックだらけ（笑）。ニュートン（★3）、好きだったけど。

柳瀬　マジックとロジックを一人で背負うのは難しい。ジブリだって、宮崎駿さ

★3　ニュートン：1993年にアップルが発表した、世界初の個人用携帯情報端末（PDA）。手書き入力機能を取り入れた先進的なスペックで話題になったが、商業的には不発。PDAという言葉は当時のCEOジョン・スカリーによるもの。

んや高畑勲さんの横には鈴木敏夫さんという希代のプロデューサーがいる。そういえば、鈴木さんは、もともと徳間書店の編集者、であります。

小林　ってことは、マジックは一代限りで、あとはロジックを延々とやりつつ、時々マジックを想起させればいい？

柳瀬　ヨーロッパのさまざまなブランドも、デザイナーや開発者の多くはとっくに亡くなっているけれど、ブランドそのものはデザイナーを変えて存続し、より大きくなっている例は数多い。クリスチャン・ディオールはとっくにいないけど、このブランドの立て直しを軸に80年代、ヨーロッパブランドは再編された。モエヘネシールイヴィトンLVMHグループは、ディオールの買収からスタートした。

小林　ココ・シャネルもいない。そうそう、フェルディナンド・ポルシェ博士もいないよね。

柳瀬　位牌はちゃんと継がれ、ビジネスも受け継がれている。ブランドのほとんどは創業デザイナーの名が刻まれている。つまり一代で終わりのものでは全然ない。あ、そういえば日本だって京都の呉服屋とか造り酒屋とか和菓子屋さんとか老舗の世界には、暖簾のエートスがある。

小林　でも、二代か三代で潰れるリスクが高いよね。それを考えるとポルシェは、天才だったフェルディナント・ポルシェ博士から三代目ぐらいまでは、経営がずうっとポルシェ一族なの。途中でCEOのヴィーデキングが再建して、マーケティングを徹底するのね。そこでボクスターが大ヒットするんだけど、実はそれまで潰れそうだった。

柳瀬 90年代後半にテコ入れをして、うまくいったわけだよね。ケイマンを出して、カイエンを出して、パナメーラを出して。まあ一部のポルシェ・マニアからは怒られているけれど、利益率がむちゃくちゃいい企業になった。

小林 最初の三代までは、フェルディナント・ポルシェのマジックでコツコツ食ってきていたけれど、結局生き延びるためにロジックを受け入れていったんだよ。

柳瀬 90年代半ばまでのポルシェは「911」という唯一無二のビジネスモデル＝スーパーカーだけが頼りだった。でもそれをシステム＝ロジックでつなぐようにした。いまポルシェは、フォルクスワーゲングループに入っている。デザインそのものはマジックだけど、それをロジックでつなぐことはできる。

小林 逆に言えば、自分たちが再生ファンドだとしたら、マジックさえ残っていてくれたら、ヨソで成功している必勝ロジックを持ち込むだけなので、比較的やり易いのかもしれない。でも、フォード傘下時代のジャガー・ランドローバーはロジックだけでつまらなかった。マジックがなくてロジックだけだったら、なんともならないかも。

柳瀬　というと、「感性があればあとはどうでもいいのかよ」と突っ込む人が出てきそうだけど、もちろんそういう話じゃない。

小林　ないね。やっぱりロジックがそこで機能してくれてないと、マジックの活かしようがない。ほとんどは創業者が遺したマジックの名残を見ているんだよね。だから、マジックはプライスレス。その後は真のロジックをマジックが消えぬように配合する第二の起業クリエイティビティが存在するのかもしれない。

「フラット化する世界」は、実はエリア限定

柳瀬　ほぉーと思ったのが、今日日の中高生たちがグローバルという言葉をすごく怖いって思っているという話が新聞に出ていた。グローバルじゃないと生きていけない、とテレビもネットも毎日のように叫んでいるから、「英語もできないし、俺たち、未来ないんじゃないか」って怖くなっちゃって、グローバルって言葉を

ものすごくネガティブに感じているんだって（笑）。いや、（笑）じゃないか。サラリーマンも同じレベルでグローバル、怖いもんね。

小林　だってしょうがないよね。日本ってテレビを点ければ、どの番組も似たような芸人しか出ていないし、ワイドショーは郊外や地方都市の悲惨な事件ばかりだから、いきなりグローバルにって言われても戸惑うだけでしょう。

柳瀬　グローバル話ってわりと極端なところがあって、誰もがグローバルな競争にさらされる、というイメージがまきちらかされたりする。

小林　たぶんネタ元は、トーマス・フリードマンの『フラット化する世界』（★4）とか……。

柳瀬　かつてアメリカの工場労働者はアジアの労働者に仕事をもっていかれた。日本でもすでに同じことが起きている側面はある。じゃあマネーとインターネットで世界が全部つながって良くも悪くも均一な経済圏が成立したかというと、肝心の人間の身体は瞬間移動できない。だから、グローバリゼーションの対象となるのは、主に「どこで作ってもだいたい同じ品質のもの」。だから農産物だったり、大量生産の工業品だったりは、グローバリゼーションの波にさらされる。でも、たとえばおいしいビストロや気の利いたバーや店主が魅力的なスナックや腕っこ

★4
『フラット化する世界』トーマス・フリードマン、日本経済新聞社

きの個人歯科医は、輸出も輸入もできない、個別具体的なサービス。こうした属人的なサービスはそれぞれの場所に固定される。つまりグローバルではなくローカル。この議論は、UCバークレーのエンリコ・モレッティ教授の『年収は「住むところ」で決まる』（★5）で詳しくなされている。

また、均質なグローバリゼーションの論理が通用するのは温帯地域限定の話だったりする。ヨーロッパ、アメリカ、日本に東アジア。南半球だとオーストラリア、南米はブラジルあたりで、アフリカは南アフリカ限定。

グローバリゼーションの話には、気候や地形といった自然環境という経済よりもっと大前提の話がしばしば抜け落ちる。自然環境はそもそもが絶対的にローカルなものだから、その土地その土地の自然環境が、フラットなグローバリゼーションを思いっきり阻害したりする。

たとえば、アフリカ。アフリカの産業化が遅れた理由のひとつに、アフリカが赤道をまたいで南北に8000キロもある地形である、ということがある。つまり南北に長いから、地域ごとに気候が違う。そのうえ、雨が少ない砂漠地帯が多いこともあって、コメや麦などの穀類の大量生産に向かず、結果として食料自給率が上げにくかった。

★5
『年収は「住むところ」で決まる』エンリコ・モレッティ、プレジデント社また、アフリカは55ヵ国中なんと内陸国が16ヵ国もある。つまり自国単独で輸出入ができない国がそれだけある。内陸国は隣の港を持った国に貿易を頼らざるを得ない。貿易がしにくいわけで、これまた経済成長に大きな影響を与えるし、途上国なのにけっして人件費が安くなかったりしてしまう。

小林 沿岸からあれだけ離れていたらハンパないよね。内陸から沿岸までが、日本を横にして入るぐらいの距離なんだから。

柳瀬 アフリカと比較して、なぜアジアは第二次世界大戦後、一気に発達したのか？ アジアの国のほとんどは海に面していて、単独貿易が可能だから、農産物を輸出することが簡単だし、工場誘致も優位性がある。港がないアジアの国って、ラオス、ブータン、ネパール、アゼルバイジャンと、あとモンゴルくらい。20世紀の東南アジアってアフリカ以上にひどい戦争をやっていた。ベトナム戦争にカンボジア内戦、東ティモールでもドンパチやっていて、超軍事国家のミャンマーがあって……。わりと平和だった地域ってタイとマレーシアぐらいしかない。でも、どの国も戦争や内戦が終わって数年でいきなり経済発展している。長年アウンサンスーチー女史を拘束していたミャンマーは、2010年に女史を解放したと思ったら、翌2011年あたりから外資を呼び込み始め、2012年にはなんとスーチーさんは議員になっちゃった。日本企業の間ではアジアにおける最後の大型投資が控えている国、というイメージになっている。かつてのベトナムもカンボジアも、戦争や内戦が収まってから、わりとすぐに外資を呼び込み、経済成長し始めた。まず、どの国も独立した港を持っているから、すぐに輸出産業を誘致できる。また、東南アジアはアフリカと異なり、水資源に恵まれている。恵まれ過ぎていて時々でかい洪水があるけれど。工場誘致に水資源は不可欠。さらに言うと、水田文化の社会においては、田んぼって運命共同体だから、村単位でマネジメントがしやすい。

小林　いちいち住民一人ずつと交渉しなくてもいい、と。共同体に対してネゴしやすいんだね。

柳瀬　一方で、アフリカはというと、さっき話したように55カ国中16カ国が内陸国。さらに、北米や南米の1・5倍、中国が2・5個、ヨーロッパが4つぐらい入るほど面積が広い。とまあ、アジアとアフリカを大陸単位で比較してもこれだけ自然環境や地形や風土が違う。となると、アフリカの経済発展は、アジアと同じ方程式に乗っかるわけがない。アフリカならではのビジネスが必要となる。乾燥地帯が多くて日照時間が長いからソーラーパネルを使った太陽光発電が向いているとか、大地溝帯はものすごく地熱を取りやすいから地熱発電がやりやすいとか、天然ガスや石油、未開発の資源がたっぷり沿岸部にあるとか。

いずれにせよ、アジアや南米でやったのとはまた違う文脈で経済発展を目指さざるを得ない。インターネットで世界がフラット化して、地域ごとの違いが可視化されてくると、やることはものすごくローカルに、つまり個別具体的になってくる。

小林 グローバルになればなるほど、ローカルというコンテクストが重要になってくるわけね。でも、それこそギャートルズ理論と一緒だよね。テクノロジーが発展していくと、逆に属人性の比重が増してくる。

柳瀬 ここでも鍵となるのは属人性と属地域性。つまり、フラット化されたのは情報とお金の流れであって、むしろそれを個々人や地域の個性を活かす方向に働かせるしかなくなる。

小林 でも、今のアフリカの話は日本の大企業の現状とほぼ同じだよね。「港がない地続きの部署間」だけのやりとりで、外との交流がまったくない。『まったくフラット化しない世界』だ。

柳瀬 自らを輸出できない構造がいかに危ういか、ってことだよね。

小林　リムランドとハートランドだね。周縁と中心。変化は常に周縁から起こり、やがては中心となる。それを交互に繰り返している。だから、中心ばかり見ているのはリスクなんだ。

株主中心型企業ガバナンスの限界

小林　今はあらゆる情報の行き来が脳の思考速度に近づきつつあると思っている。もちろん、農業みたいな第一次産業はそんなことはないのかもしれないけど、少なくとも情報産業の変化の度合いは、脳の思考速度に限りなく近づいている。スマホのビジネスを見ていて、そう思うね。だからきっとこれからも、勝者というのはそんなに長くは生き残れないと思う。何せ、向こうが脳の思考速度で動いているから。

柳瀬　次のプレーヤーが簡単に出てきちゃうからね。

小林　だから組織もなるべく脳から脊椎に伝わるまでの速度をクロックアップするしかないの。そこで「5ヵ年計画を出せ」とかはあり得ない。なのに「5年間でどういう根拠のある数字を出せるか」とか言ってくるから、バッカデータが出てくるわけだよ。

柳瀬 そこで難しいのは、社内もさることながら、株主の存在。

小林 これればかりは難しいよね。常に計画通りに四半期毎に黒字出し続けるって、努力目標としては絶対に必要なことだけど。

柳瀬 今一番の問題は、企業をとりまくこれまでの管理手法が制度疲労を起こしちゃっていること。右肩上がりの成長曲線が描けた時代にぴったりの仕組みは、右肩下がりの時代には機能しにくい。

小林 逆に言えば、リスクを減らすには「新しいことをやらない」というのがセオリーになりがち。我々のような新しいことをやって成長したはずのベンチャーでも規模が大きくなってくると、「新しいこと」イコール・リスクだって指弾される。

柳瀬 傾きかけた大企業にとっては、「新しいことをやらないことが最大のリスク」になっている。やるのにはリスクがあるけれど、やらないほうがもっと大きなリスクになる。やらないと100%アウトだから、やらないのが最大のリスクだよね。売上目標だの成長予想だのって「こういうふうに成長する」という事態が予測できたから成立していたわけで、今のように未来予測がきわめて困難な時代に、株主に対して成長を確約するなんて、予言者じゃないんだから無理に決まっている。

小林　だからこそ、エンロンみたいに嘘をつき始めるんだよね。実体のない数字を上げるようになっちゃう。これからはもっと社会的投資責任（ＳＲＩ）の概念がすごく大事で、「環境への配慮があるかどうか」とか「社会へ利潤を適切に還元しているかどうか」とかで、そこの企業の価値が決まってくるみたいな、今までとは違った軸を持ってこないと、収益率や成長率だけを指標とするやり方にも無理が生じる気がする。

柳瀬　ＴＳＵＴＡＹＡを運営するカルチュア・コンビニエンス・クラブも、かつて一度株式上場していたのに全部株を買い戻して上場廃止した。

小林　バージンのリチャード・ブランソンも公開した後、株を買い戻して非公開にしたよね。事業には長期戦略ってものがあるじゃない。今までやってきた経験上から、「これは長期的には伸びるけれど、すぐには育たないよ」といった時に、公開していると株主からは責められるわけ。いや、公開してなくても責められるんだけど（笑）。

そういう意味でも、アマゾンのジェフ・ベゾスがやっぱり凄かったなと思うのは、まずあそこは創業からずうっと赤字だったんだよね。１９９４年に創業して、１９９７年に株式公開してからもまだ赤字続きで、ようやく黒字転換したのが２００３年。公開で集めた資金なんて、全部先行投資につぎ込んでいた。当然、「儲ける気があるのか？」とベゾスはものすごく叩かれたんだけど、株式公開をしてからのこの6年間、赤字を出し続けながらやり通したベゾスって本当に偉大というか、人間離れしていると思う。

柳瀬　21世紀初頭、日本にアマゾンが上陸した時のことだけど、当時は「アマゾンは永遠に儲からない、いずれ潰れる」って言われていた。初期の楽天も、「ネット・ショッピングモールなんか成り立たない」って言われていた。いかに未来は分からないものか。

小林　分からない中でやり続ける鈍感さというものも、時には必要だよね。やっぱり外野の声に左右されない「鈍い強さ」みたいなものが必要だと思う。

あと、強靱さのもうひとつの意味としては、滋養が全然ない環境でも植物とかが育っていける強さ、という面がある。どんなに逆境にあっても潰れないタフネスが重要だ。原始人っぽいね（笑）。

柳瀬　5ヵ年計画を信じている会社はまだまだ少なくない。そして経営者が現場を知らないから、開発スピードの遅さ、デザインの軽視、ビッグデータの間違った引用、的外れなマーケティングが横行したりする。

小林　でも、技術力やうるさい消費者を納得させる完成度の高さは世界的にも誇れるんだけどね。

会社の垣根を越えた横のつながりも大事

柳瀬　そうなると、極端な話、新人も経営トップも「現場を持たないとキツい」ってこと。従来よりも仕事のハードルが高くなっている。

小林　誰もが儲かる時は、うだうだ言いながらもやっていけたからね。

柳瀬　でも成長期には、社員は現場より上司を大切にしたりする。1960年代に流行ったアメリカのテレビドラマの『奥さまは魔女』で、主人公の旦那が働いていたのは広告代理店だった。でさ、テレビ東京で再放送やってたので見てみたら、休日に上司がダーリンの家を訪れる！　さあどうしようってのをギャグとして放映しているんだよね。

小林　だって、向こうの会社では上司に気に入られなかったらファイア（クビに）されちゃう可能性があるから、めっちゃ上司にゴマすっているもの。「日本人は会社が終わった後まで、職場の飲み会につき合って、よく分からない」とか言われるけれど、お前らのほうが分からないよって（笑）。なにせ、休日に自分のワイフや、下手したら子どもまで連れて、上司の家でバーベキューをやって、おべっか使ってるし。だから「日本人はゴマスリだ」ってよく言われるけれど、わたしはアメリカ人もかなりのゴマスリ民族だと思っている。

柳瀬　そのアメリカでも、たくさんの会社がリーマンショックで一回全部吹っ飛んだ。次代の予想がつかない、大企業でもベンチャーでも「そろそろ現場から上がって管理職に」という台詞は死語となる。むしろ上の立場の人間ほど、自分の会社の商品のマーケットを観察しないといけない。俯瞰するためには誰よりも現場にいないといけない。会議室に半日籠っていたら、それは無理だよね。会議するにしても、せめて外のやつと会っていろ、ってね。日本の会社で今ダメになっているひとつの理由が、社員が「外でふらふらする」ことへの嫌悪かな。

小林　会社の垣根を越えた横のつながりが、今ほど活発になってきている時代はないよ。それこそソーシャルメディアもあるわけで、「レイヤー」が会社を越えて横に拡張している。ゆえに社外の人間と交流し、それをビジネスに活かさない手はないけどね。

柳瀬　ちょっとAKB48っぽいんだよね。実はAKB48ってレイヤーであって、個々人の所属する芸能事務所は、みんなバラバラだよね。

小林　ユニットとしてまとまっている見せ方をしているだけでね。

柳瀬　AKB48はプロジェクトチームであって、別々の芸能事務所に所属している。従来だったら、全部同じプロダクションに所属しているはずの女の子たちを、あえてばらばらのプロダクションに入れたうえで、AKBとしてマネジメントする。AKB48としてもひとりのタレントとしても同時に活動する。なんだかとっても今っぽい。

小林　コ・クリエーションだね。

柳瀬　ビジネスの組織もAKB48方式をとったら面白いかも。所属する会社はバラバラのサラリーマンたちが、コ・クリエーションでプロダクトを動かして、売り上げが会社と個人に落ちるというモデル。だから、まったくのフリーとは別の、我々のような所属部屋が決まっているフリーのサラリーマンの時代になるかもしれないね（笑）。実際に仕事をしているのって、すでにみんなフリーのサラリーマン的な仕事の仕方をしている人だよね。どこの業界でも多かれ少なかれ、そうなっている気がする。

小林　今やあらゆる人間関係がパーマリンク（固有アドレス）化したでしょう。つまり、柳瀬さんというＵＲＬと小林というＵＲＬがあって、それらがＰ２Ｐでつながるようになった。以前は人間同士のつながりって、手帖に書いてある以外、なんとなくぼやけていたものが、パーマリンクができたことで可視化された。

柳瀬　ＳＮＳの誕生で、個人と個人のつながりが、よくも悪くもバーチャルじゃなくてセミリアルになっちゃったからね。それって「ニワトリが先か卵が先か？」的な話かもしれないけど、ＳＮＳやいろんなシステムが出てきた結果、どこで誰が何をやっているのかが可視化されてしまった。会社の中での動きまでこんなにスケスケになっている時代って、今までなかったからね。

小林　実はそういう話を某社から聞いたことがある。まだセキュリティがゆるい頃の話ね。その会社はＵＮＩＸで組織ごとにデータが全部ディレクトリ構造になっているの。そうすると、そのフォルダに何が入っているかを見れば、その部署が今何をしているかが分かる。

柳瀬　たしかにディレクトリ構造にしたら、そこの箱に何が入っているか／あるいは入っていないかが仕事のコンテンツとして見えちゃう。

小林　そうすると、働いていないところはフォルダに何も入ってなくてスカスカ……という具合に、実は情報が構造化された瞬間にすべてが可視化されたの。要はそれを外に対してクローズドにしていたかオープンにしたかの違いだよ。昔ならばいわゆる「会社のお荷物」、それこそ朝会社に来てから退社するまで新聞しか読んでいないような社員まで可視化されてしまう。知らないのは本人だけ。

柳瀬　ぎくっ……。

小林　昔は「寄らば大樹の陰」でやれていたものが、すべて透明化しつつある。だからこそ、何を自分の戦術として戦っていくかをちゃんと考えなければいけないし、属人性を見い出し、そこを周囲にも認めてもらわないとね。

第6章

フリー／シェア以降の新ビジネスモデル

書店は究極のフリーモデルだ?!

柳瀬　「フリー」や「シェア」ってキーワードは、こばへんが監修したクリス・アンダーソンの著書『フリー』や『シェア』の出版社と相前後して注目を浴びた概念だけど、改めて「フリーモデル」とか「シェアリング・エコノミー」の今について、聞いてみたい。

そもそも、なぜアメリカから「フリー」や「シェア」なんて概念が21世紀になって出てきたのか。みんな自由にタダでいろんなものを共有したほうがハッピーでクリエイティブだぜ、って声が上がるようになったのか。

インターネットって、まさに貧乏人から金持ちまで、落ちこぼれから超エリートまで誰にでも開かれている、フリーでオープンでシェアできるところが面白かった。「所有」している奴がえらい、金持ちだっていう思い込みから解き放ってくれるような気がした。

それはどこから来るかというと、たぶん60年代終わりから70年代頭の、アメリカ西海岸に端を発するヒッピーカルチャー。アメリカのインターネットって、政府が進めてきた軍事技術や傍受技術など権力と直結した先端技術が「父」だとすると、ジョン・レノンじゃないけれど、想像してごらんよ国境のない世界を、国や宗教や性別や貧富や民族から自由になろうぜ、というヒッピームーブメントが「母」だったりする。ヒッピーって、西海岸のギャートルズだよね。

それを教えてくれたのが『グレイトフル・デッドにマーケティングを学ぶ』(★1)って本で、ヒッピーカルチャーの中心にいた伝説のバンド、グレイトフル・デッドとそのファンたちの関係性、そこから生まれるビジネスの形は、まさにフリー＝自由でタダのコンテンツに人々が集まり、そんな自由でカルトな集まりが、ビジネスもコミュニティもクリエイティブも生んでしまう。まさに今のインターネットで起きている、まずはフリーで（自由に、無料で）、いろんなクリエイティブを行えば、ファンが、仲間が集まってくる。結果そこにお金も生まれてくるし、ビジネスも誕生するって流れの「先行事例」だったりする。

そこで改めて、面白い、開かれてる、フリーだ、案外未来があるぞ、って思うのが「本屋さん」であります。書店って、実はとってもヒッピーな存在。まずはなんといっても基本的にフリーモデルなんだよね。だから街の本屋さんってのは、いざとなれば求心力もあれば発信力もある。

★1
『グレイトフル・デッドにマーケティングを学ぶ』デイヴィッド・ミーアマン・スコット／ブライアン・ハリガン、日経BP社

小林 そう、万人に開かれているアクセス・フリーな場なんだよね。しかも立ち読み自由。

柳瀬 置いてある本、まずはどれを手に取ってもいいし、中身を読んじゃってもいい。これ、考えてみるとすごいことですよ。本って、読書という体験を閉じ込めた紙の束なんだけど、その読書体験を買わない人にも自由に渡しちゃうんだから。ただ、90年代から明らかに変わったのはマンガです。かつてはマンガも立ち読み自由だったけど、いまマンガはほぼすべてシュリンクされていて、立ち読みどころか中身のチェックもできない。マンガが売れなくなったと言われて久しいけど、「立ち読みされるのが嫌だ」ってシュリンクをかけてビニ本化して、マンガの魅力を、読んでない人に伝えられなくしちゃったってのも、問題だったんじゃないか?

小林 自分もそう思う。だって中身が見られなくなって、しかも最近のマンガって、カバーの外見と中身の絵柄のギャップが激しくなっているしね。

柳瀬 ビニ本化すると中身をまったくチェックできない。その結果、立ち読みによるフリーの効果、新しいファンを無料で形成していく、という事前マーケティングのチャンスを切り捨ててしまう。それぞれのマンガは、「これまでのファン」

しか買わなくなる。

マンガ市場のピークは1995年なんだけど、マンガのビニ本化が進行し始めたのもそのあたり。90年代前半にはまだ立ち読みできる書店があったけど、どんどん減っていった。大手では、青山ブックセンターが最後までビニ本化しなかった書店だったんだけど、数年前こちらでもビニ本化しちゃった。大手書店でマンガを立ち読みできるところは、ほぼ姿を消しちゃったはず。

小林　マンガもそうだけど、同じような意味で自らの首を締めやすいのが写真集だと思う。5千円とか1万円とか高価な商品が中身を確認できないんじゃ、そうそう買えないもの。その点、代官山の蔦屋書店や池袋のジュンク堂は凄いね。商品を棚から持ち出してきて、コーヒーまで飲める。その仕組みはアメリカで数年前に経営破綻したボーダーズで最初体験したけど、「図書館かよ?」って驚いた。

柳瀬　本というモノを「パッケージ化された商品」じゃなくて「あり方」として捉えた時に、「誰でも入れる」書店という、ある種ライブ会場的な空間のオープンさと、その気になればすべてのテキストを全部立ち読みできちゃうフリーミアム的な効果のセットを見ると、「なんだ、インターネットの連中がチクチクとやっているビジネスモデルって、最初から本屋さんがやってたじゃん」って感じがする。

小林　自分なんか実家の隣りが本屋で、毎日学校から帰ったら立ち読みしていたからね（笑）。それで育てられたから、言わばフリー世代。でも、立ち読みだけで買わなかったかというと、すごく買っているからね。結局、人一倍立ち読みした奴が人一倍本を買ってるの。つまり、立ち読みするほどのヘビーユーザーだから、自由に読める環境によって、さらなる本読みに鍛えられたとも言えるかな。

柳瀬　出版メディアの中には、立ち読みと図書館を「書籍をタダ読みしているだけ」と敵視する向きがあったりするけれど、自分の「本との出会い」を考えると、お金もないし、知識もない子供時代、学生時代に、「まず本に触れる」って機会を与えてくれたのは、近所の本屋さんの立ち読みだったり、図書館だったりした。立ち読みだろうが図書館だろうが、「本との出会い」を閉じちゃった時点で、新しい読者は育たないんじゃないかなあ。「ラジオを聴くのを止めて、音楽ＣＤだけを買いなさい」と言っているのと違わないよね、それって。

で、いまこばへんが例に出した代官山蔦屋書店がそうだけど、著者イベント等を積極的に展開して、本を核とした体験を売っている本屋さんがとても元気がいい。池袋の天狼院書店や、下北沢のＢ＆Ｂや、千駄木の往来堂書店といった、昔ながらのタバコ屋に毛が生えた程度の規模の書店に、毎日たくさんお客さんが集まっている。共通するのは、書店が「編集」の場所になっていて、本を単体で売るんじゃなくて、雑誌を作るように書棚を編集していること。そして、著者のイベントをまるでライブハウスのように毎日ぐらいの頻度で行っていること。さっき話に出したグレイトフル・デッドは、ローリング・ストーンズを超えるライブバンドでもあって、彼らの場合、ライブを続けることで新しいお客さんが集まり、結果としてレコードやビデオやグッズも売れた。矢沢永吉さんがお手本だけど、CDが売れない今の音楽シーンで元気がいいアーティストは、みんなライブが主戦場。本の世界もそうなりつつある。逆にいうと、情報単体には値段がつきにくくなっているとも言える。まさにインターネットのせいなんだけど。

作り手側はついつい「プライス＝価格」も「バリュー＝価値」も、作り手の努力の総量で決まる、と思いたくなっちゃう。でも、価値があるからといって価格に転換できるとは限らない。記事のバリュー＝価値をプライス＝価格に変換できるのは、ビジネス系の専門媒体やオタク的な趣味の媒体。どちらも読者のニーズがはっきりしている。だから、高めの値段設定しても、コンテンツに価値があれば、ちゃんとお客さんがつく。

ウェブ上のメディアの場合、大半のコンテンツは「ひまつぶし」系だから、「価値」を売り物にするのはけっこう難しい。だから、結局読者がこれだけ読みました、という「人気」度合いを売りにした広告ビジネスモデルになりがち。しかも、コンテンツは使い回しが多いから希少価値がそもそもあまりない。そうなると広告で食べるのも難しくなる……。

小林　最初はすごく専門的な職業だったり、それをやるのに設備が必要だったものが、近年どんどん潤沢化してきたでしょ。たとえば昔はＤＪできる人が少数しかいなかったのに、デジタルになった瞬間、多くの人ができるようになった。だからこそ、本当にすごい奴しか残らなくなったし、食えなくなった。それと同じことが、メディアの界隈でも今起きているわけだよね。旧来のメディアってインフラ・ビジネスでもあるわけじゃない。だから、誰もがブログで発信するようなご時世こそ、そのインフラに喜捨させることで、見返りを与えればいいんじゃない？

以前、雑誌をやっていた時に考えたんだけど、たとえばフリーマガジンの数はすごく増えていて、雑誌って今作りたい人がけっこういるんだよね。だから印刷所に来て「おまえが作りたい雑誌を作って、最後の梱包まで全部自分でやって、それを持ち帰っていいよ」っていうビジネスをやってもいいわけ。そういう媒体を自前で作れる設備を貸し出すという考え方が、ひとつにはある。

柳瀬　「誰でもメディア」の時代なんだから「誰でも雑誌」があってもおかしくない、というわけだよね。

多様性なき時代の販売戦略

小林　まだホームページもブログもなく、論壇雑誌が稀少資源だった頃、ライターの仕事というのは、言わばそのエリアをめぐる誌面獲得戦争みたいなもので、「あいつがこう来たら、こう行く」というふうに自分の強みみたいなものを見つけていくサバイバルゲームだったよね。だけど、途中から流入が減って、「残存者利益」になった。ライターではみんな食えなくなって、どんどん辞めていっちゃったから、実力はあるに越したことはないけれど、うまく業界に残れば「先生」になれたのね。この方程式は、割とあらゆるところで散見され、特権的な場所への「集中」が減った代わりに、「偏在」が起きたため、その場所ではかつてデッドヒートが起きていたのに、いまは過疎化している。そのためマーケティングに長けた人が出てくると、実力が及ばなくても歓迎される傾向があるんじゃないかな。

柳瀬　マーケティングに長けていると実力がなくても歓迎される——言えてるなあ（笑）。その状況って、出版業界の編集にも責任があるよね。出版だけじゃなくてあらゆるインターネットメディアもか。これだけたくさんの新旧メディアが乱立しているのに、みんな「同じ著者」に頼むよね。だから同じ人が何度も登場する。

小林　そうだね。もうひとつはマーケティング主義の弊害で、編集側が書き手を発掘したり育てたりしなくなった。前の章でも話したけれど、結局「もう売れてるから」ということで仕事を頼むケースが多すぎる。だから無名のやつを拾ってきて、「こいつ面白そうだから、何か書かせよう」という、書き手と編集者の二人三脚が成立しづらい。本が売れないから、それができないという理屈もあるけれど、それをやりすぎて売れない本ばかりじゃないのかと訝りたくなる。いずれにせよ、「編集者が仕事をしなくなった」というのは大きいよね。

柳瀬　「編集の時代」だなんて言われているのにね。案外、異業種で「編集」のいい仕事が出てきているかもしれない。TBSラジオの『文化系トークラジオL ife』担当プロデューサーの長谷川裕さんの仕事ぶりなんか、「新しい著者を開拓する、育てる」っていう意味では、たいがいの紙の編集者はかなわないんじゃないか。同番組のメインパーソナリティである社会学者の鈴木謙介さんにしろ、サブパーソナリティの津田大介さんにしろ、哲学者の國分功一郎さんにしろ、元AV女優で今や人気漫画家・エッセイストの峰なゆかさんにしろ、長谷川さんが早くから番組で起用してきた。むしろ紙の編集者がそれを追いかけた。

小林 テレビも最初はそうだったんだよね。80年代のフジテレビは好例だけど、いまでは大御所になった明石家さんまとかビートたけしを早期に起用していたよね。

柳瀬 フジテレビの横澤彪さんだって日本テレビの土屋敏男さんだって、みんなタレントが無名の時期から番組に起用して、番組そのものを面白くしたし、タレントも有名にしていったわけでしょう。

小林 でも今や、どこの番組を観ても同じ芸人しか出ていない。この話を強引に車と結びつけちゃうと、一時期ミニバンしか売れなくなったでしょう。自分も乗っていた時があるけどさ（笑）。ある外車メーカーが小さい子どもを対象に調査したんだけど、いまの子どもたちに絵を描かせると、車がみんな四角いんだって

（笑）。もちろん四角い以外の車って、「売れないから出てこない」んだけれど、そうした多様性が削り取られていく状況と、J-POP、書籍、電化製品やら全体の空気が一緒なんだよね。

柳瀬　さっきのウェブメディアに同じ人が出ずっぱりになるって話とも関連するけれど、情報がいっぱいあると、人間の行動って多様性を増すどころか、めんどうくさくなって同じ答えに収斂しがちなところがあるよね。少子化が叫ばれている日本で、なぜか7人乗りのミニバンばかりが売れたり。

小林　逆にミニバンしかない中、フェラーリに乗って現れたら、昔はヒーローだったけど、いまはなんだろ、宇宙人かな（笑）。

クルマも家も「中古市場」が熱い！

小林　データを見ていてわかったんだけど、「車離れ」とか「車が売れない」とか言われているのって、実は新車マーケットだけの話なんだよね。日本の人口が減ってきているのに、実は車の登録台数は数百万台増えている。

柳瀬　新車販売台数はバブル期の90年の777万台から500万台くらいに落ち込んでいるけれど、登録台数ベースで見ると増えている。どういうこと?

小林　一度も下がったことはない。ずっと右肩上がり。それで今、中古車市場がすごく熱いの。あまり表に出てこないけれど、中古車関係だけで上場企業がどれだけいることか。

柳瀬　たしかにそうだね。ガリバーインターナショナルとか。

小林　だから「車離れ」とか「車が売れていない」と言っているのは、新車が売れないというサプライサイドの問題であって、車にはみんな乗りたがっている。

柳瀬　出版業界でいうと、書店は減ったけどブックオフは増えた、っていうのと似ているね。

小林　その通り。でもこれは、メディアも書けない。

柳瀬　自動車の主戦場が新車から中古車になりつつある、というのはたしかに報じにくいよね。でも、実際、いまは中古車市場を眺めると、程度のいいBMWやメルセデス・ベンツの中古車が、国産の高級車の新車よりもはるかに安く買えてしまう。実は日本の外車の中古市場って、すごいよね。

小林　すごいどころか、世界一だと思う。世界中の車がこれだけ安く手に入る国は、たぶん日本だけだよ。中国にはメルセデスを整備できる工場が少ないって聞くので、売るだけ売って、あとは壊れた中古高級車が出回るという2020年問題がある（笑）。インドもそう。その点、日本車は直しやすいし、代替パーツも入手しやすい。途上国については昔から輸出されているので町の整備屋さんというインフラが整っているんだけど、日本のメーカーはそのあたりに気づいていない、とバングラデシュの知人が言っていた。

柳瀬 日本では、東京を中心に一定数の富裕層がいて、彼らが奥さんや子どもにセカンドカーとして与えた外車が「うーん、デザインが気に入らない」とか「大きすぎて取り回しが大変」と早々に手放されたりする。これ、僕も付き合いがある目黒の外車専門店でセールスマンが話していたことです。数千キロくらいしか走ってない新古車がけっこう出回っている。

小林 すっげえ金持ちが買って、ちょっと転がしてみたんだけど「なんか違うな」と（笑）。逆に庶民的には「慣らし運転、ありがとう」のエコシステムが完成しているよね。

柳瀬 実際、インターネットで中古車の価格を調べればすぐにわかるけど、今や程度のいい中古外車がおそろしく安く売っている。ポルシェなんかも500万円を切る値段で程度のいいものが手に入る。スーパーカーですよ、ポルシェ。70年代だったらマンション一軒分です（笑）。

小林 ランボルギーニと同じV10エンジンを積んでいるアウディS6とかは、発売当時は1千万円を超えていたけど、いまや400万円台。マニアじゃないとわからないけれど、超お買い得車はゴロゴロしている。なのに、皆新車買いたがるんだよね。車好きなら、低コストであこがれの中古車をいろいろ物色できるのがこの国のすごいところなのに。

柳瀬 だから車好きは、新車じゃなくって程度のいい中古車のほうに向いている。僕の周りの車好きの買い方も、ほぼ全部そう。これ、クルマだけじゃなくて、世間では「縮んでいる」と言われている市場ってたいがい新商品の話をしているだけで、中古市場は現在も元気がいいというケースは他にもある。その代表例が住宅。東京R不動産が、あえて新築じゃない中古の一軒家やマンションや別荘を「魅力的なコンテンツ」としてインターネット上で公開しているけれど、あれなんかはまさに、すでにある建物のデザインやたたずまいに「価値」をつけていく行為。

前から不動産って絶対中古のほうがいいなと思っていて、なぜかというと、すでにできあがっているものなのできちんとした判断ができる。建売住宅だったり、自分でゼロから作るんだったらいいけれど、マンションの新築物件って、まだ存在してないものを買っちゃうわけじゃない。人生最大の買い物なのに。考えてみると不思議だ。

小林　まあね。ただ新築の場合は、上物よりも転売も考えて土地に投資という観点もあるけれどね。

柳瀬　たしかに！　新築を買って転売したあと、中古を買い直してリノベーションしたケース、僕の周りにもいる。

小林　あと、一戸建てでもうひとつ問題があって、契約期間中に施工主が潰れたりするのね。すると10年保証はついているんだけれど、10年経った瞬間に保証がなくなるから。

柳瀬　それは怖いね。

小林　今の話、自分が所有していた家なんだけどさ(笑)。よほどのきれい好きだったらともかく、自分の場合、新築や新車で買うということに合理性があまり見いだせていないもの。

柳瀬　結局、家もそうだし、車もそう。いろんなものが「中古」のほうがリーズナブルじゃん、ということになるね。もちろんレンタルでもよし、と。

小林　先日、慶應大学の田中浩也さんに聞いたら、３Ｄプリントによってデザインにおけるアップデートという概念が、いま見直されているとのこと。それは旧いものを長く使い続けていく時、少しずつ自分好みにカスタマイズしていくという楽しみのことね。３Ｄプリンターが出てきて、部品を出力できるようになったから。今後はそういう考えも少しずつ浸透していくかもしれない。

柳瀬　メンテナンスも自在にできるし、自分の好みでカスタマイズもできる。個人が自分好みに編集できる。それって、新品の商品より中古品のほうがふさわしい。家にしてもクルマにしても。

小林　物件もいっぱいある。今、マンションは自動車以上にダブついているかもね。

柳瀬　クルマは廃車になるけど、家やマンションって簡単に壊れない。なのに新しい物件がどんどん建つ。つまり戸数ベースで言ったら東京はもちろん日本全国で家もマンションもむちゃくちゃ余っている。市場に出てくると暴落を招いちゃったりするし、そもそもバブル期に投機目的で建てられた一部屋16㎡しかないワンルームマンションなんて使い道がないから、そのまま塩漬けになって、ゴーストマンション化している。都内中心部にそんな物件、いっぱいあります。

小林　日本って不動産も結局路線価で売っていたけれど、たぶんあの体系自体には落とし穴があるよね。これから再開発されるといっても、さらなる長期を見据えておかないとゴースト化が怖いね。労働人口の減少で都心の「シャッター商店街」化は避けられない。

柳瀬　イマドキの日本のお金持ちは、世代によってカネの使い方が違ってきている。特に不動産。キャッシュはあっても、都心は高級とはいえ機能重視のマンション住まいに徹しちゃう。昔の大金持ちみたいにデカい家を都心に持つ、というのはたぶん少数派。むしろ自分好みの一軒家は、別荘地に週末やバカンス用として建てていたりする。

小林　大邸宅持ってる人が清掃業者雇うって言ってたけど、そのお金ほかに回せば？と思うな。そもそも非効率だと思う。

柳瀬　その非効率的なところにカネを使うのが金持ちの証だった部分があるじゃない。

小林　余剰とか、過剰さみたいなものにね。一方通行だらけの都内で、しかも独りでしか運転しないのに、メルセデスのSクラス欲しがるみたいな。

柳瀬　そのアメリカだって、ニューヨークに住んでいる連中は、ニューヨークにデカい家を建てようとはしないよね。そもそも場所がないし。

小林　ニューヨークとロンドンの住宅は狭いよね。

柳瀬　住宅だけじゃなくて、オフィスに関しても感覚が変わってきているはず。丸の内の超高層ビルに勤務して田園調布に大きな家を建てる、というのを頂点とするステレオタイプな勝ち組パターンが崩れつつある。アメリカのベンチャーは、超高層の自社ビルを建てるんじゃなく、郊外に自分たちならではのオフィスを作るという傾向にある。アマゾンも生態系（バイオスフィア）を模したドームみたいな社屋を計画していたよね。

小林　アップルのＵＦＯみたいな社屋とかね（笑）。

柳瀬　アマゾンの新オフィス計画は、ガラス張りのドームを2つくっつけて、中に木が生えている。知らない人が見たら、新手の植物園にしか見えないかも。アップルが計画している新社屋も巨大な宇宙船みたいな円形で、スペースの8割には木が植えられる予定。フェイスブックが構想しているのは屋上に林があるようなオフィスで、半分地面に埋まっているような感じ。アメリカのＩＴ企業がいずれも超高層ビルを否定し、地面に近い低層の建物を採用し、さらに言うとオフィス環境を緑の中に埋めようとしている。ＩＴ企業のトップリーダーたちが場所と自然環境にこだわっている。人と人が近くにいて、人と地面が近くにあって、人と自然が近くにある、という環境を提供しようと意図している。そんなアメリカのIT企業も、東京のオフィスは相変わらず超高層ビルの中に収まっているのだけれど。

小林　アメリカで『ワイアード』を立ち上げた友人たちは、いま第一次産業とITをひも付けしている。一回バーチャルで成功してる連中って、実は、みんな食べ物とか農業、医療とかに行っているの。

柳瀬　なるほどなあ。その流れで言うと、注目されているのは、次世代型の観光と環境。エコツーリズムや体験型ツーリズム。エイドリアン・ゼッカーが始めたアマンリゾーツ（★2）や日本の星野リゾートが先行事例だけど、起業家が観光や環境に目を向けている。どちらも共通するのは「場所」が主人公ということ。「どこでもできる」ITの正反対。

小林　ああ、ブルーボトルコーヒー（★3）への投資もITばかりだものね。けっこう「ダウン・トゥー・ジ・アース」じゃないけど、そういうアーシーな感じの方向がトレンドになっていることは確かだね。サンフランシスコの土地代がめちゃくちゃ高くなったせいで、さらにアーシーなところを求める高感度な連中は、

★2
アマンリゾーツ：1987年、インドネシア人のエイドリアン・ゼッカーが開業したリゾーツグループ。スモールラグジュアリーホテルの代表格。

★3
ブルーボトルコーヒー：2002年、ジェームス・フリーマンによって創設された、サンフランシスコ、ニューヨーク、ロサンゼルスの3都市圏で展開するコーヒーショップ。コーヒーの「おいしさ」を徹底して追求、オーガニック、フェアトレードの豆を自家焙煎してから48時間以内に提供などの特徴を持つ。日本では2015年2月、清澄白河に1号店がオープンする予定。

オレゴン州のポートランドに移住しているし、いまはハイテクもコンフォートの世界に向かっているね。日本は相変わらず、バイラルメディアだとかキュレーションだとか、まだバーチャルな次元が次代だと思っている人が多いけれど。

柳瀬　一番バーチャルを推し進めてきた連中が一番ローカルな仕事のほうに目が向いている。オフィスそのものを人と人とが顔を付き合わす「村」みたいにしよう。オフィスを自然の中に放り込んじゃおう。なんてことはない、この本のテーマである「IT時代、人々は150人の村に戻り、スマホを持った原始人となる」と言ってた話を具現化しようとしてるじゃないの。

中流以上全員「別荘持ち」の時代が到来すれば

柳瀬　となると、でっかいビルだとか、新品のプロダクツに拘泥するのは、ビジネスの上でもダサい？

小林　逆に言えば、オーバー・プロダクティブな時代に突入したので、あらゆるものは潤沢品になっていった。そして、マーケティング主義により、二番煎じばかりで新品に魅力がなくなっていった。で、この「中古の時代」に乗り遅れた人たちが、いわゆる団塊の世代以上。60歳の人たちとかは「中古車なんか乗れるかよ！」みたいな感じで、そもそも中古車の見方や選び方が分からない人が多いと聞くね。ただ、これからそういうビジネスが起こってくると思うよ、「中古ソムリエ」みたいな。

柳瀬　ここで世代間ギャップがあると思うんだよね。若い世代は、ＰＣとかタブレットとかスマホとか、新品が常に最善であるＩＴハードについてはがんがん新品に買い替えるけど、新品と中古に劇的な差がない自動車や家に関しては、中古市場を利用したりレンタルで済ませたりする。一方、「中古車なんか乗れるかよ！」みたいな新車大好きなおじさんおじいさんに限って、パソコンは8年間同じのを使っていたりするよね。

小林　言えてる。車の新車とか家の新築にはこだわるくせに、パソコンはウィンドウズの古いバージョンだったり、ＣＰＵもすごい性能の低いのだったり。

柳瀬　新品のほうが安くて、性能もいいマーケットってある。ＩＴ分野、デジタル分野はみんなそうだし、家電で言うと、クーラーとか冷蔵庫とかも消費電力が全然違うからね。

小林　高級自動車メーカーも、製品の価値以外に、たとえば「アフターケアの充実はもちろん、ドライブ前に行き先のグルメ情報を電話で教えてくれる」とか「セコハンになっても価値が落ちない」とか、もう少しライフタイム・バリューの長いレンジでお金を取っていく戦略を取りつつあるよね。そのうち、ホテルの予約したり、肩もんだりしてくれないかな？（笑）。つまり、これはわたしの持論だけど、あらゆる製造業はコンシェルジェ化しつつある。モノは売った後必ず価値が毀損するわけで、行く末はサービス産業化なんだよね。アップルのジーニアスバーなんかがその一例。自動車会社は余ってる駐車場を安価に貸すこととか考えた方がいい。

柳瀬　レクサスがそれに近いサービスを始めたかな。あらゆるビジネスはサービス産業化する。農業や水産業や林業のある部分は観光業化するだろうし、ＩＴ機器に関しては、ソフトウェアというサービス産業とモノという第二次産業とがセットになっている。

全然話は変わるけど、少子高齢化で地方の過疎化が進む日本を一番簡単に活性化させる方法のひとつは、過疎化の進んだ地方を税制上住みやすくしちゃう、ってことだと思う。そのココロは、都市部に住むあらゆる人がみんな「別荘を持てる」ようにする。

これ、養老孟司さんの受け売りで、養老さんはかなり前から、「都心に住んでいる人は、地方にも家を持って、自主的に参勤交代するといい」と主張している。

僕の実家のある静岡県の浜松市は一応人口80万人の政令指定都市で、スズキやヤマハをはじめ大企業の本社もあって税収的には潤っているんだけど、中心部はシャッター商店街化しているし、郊外住宅地の多くが高齢化に伴い過疎化が進んでいる。浜松駅から自動車で30分圏内に家がいっぱい余っている。浜松市くらいの規模でそうならば、全国の地方のどこもが土地が余って過疎化が進んでいるはず。だったら、税制優遇でもなんでもして、都市部の人が安く「別荘」を持てるような政策をやったら面白い。別荘地の多くも過疎化が進んでいたりするから、旧来の別荘についても中古市場を活性化させる策があっていい。

ドイツでは、クラインガルテン（Kleingarten）という週末別荘を都市部の人がみんな持っていて、週末には普通に都市住民が移動して、原っぱで遊んだり農園をやって、週明けに帰ってくる。各地域の都市部と郊外や農村などで、そんな週末別荘システムを作ったら、まず「田舎」に人が来る。人が来ると、当然新たな消費が発生する。レストランやパン屋や飲み屋が必要になったりする。つまり、人々が税制優遇によってみんな週末別荘を持てるようになって、都市部と「参勤交代」するようになれば、市場の原理で田舎を活性化できる。

小林 昔の共産主義国家みたいだね（笑）。都市生活者は別荘を使うのに共産党の許可が必要で、「やっとその順番が来たので、今週の週末はそこに彼女と出掛ける」みたいな話は、ミラン・クンデラの小説に活写されている。一巡して、資本主義社会にも、現在シェアリング・エコノミーが伸長しつつあるしね。

柳瀬 週末別荘は、個人で持つ必要はなくて、まさにシェアでいい。こばへんと僕と数人の友達で、三浦半島や伊豆半島あたりに一軒共同所有している、なんていうので十分。週末別荘市場を現実化するには、税制優遇とともにシェアの発想が欠かせないよね。

小林 車での移動が遠かったら、そこにもう1台セカンドカーを置いて、使わない時はほかの別荘族とシェアするのもアリだよね。

柳瀬 別荘のほうに最初から1台置いておく。僕の知人の大学の先生にもこのパターンの方はいらしていて、夫婦共働きで、東京では安い賃貸に住んでいて、伊豆半島のほうに素敵な別荘を持って、自動車はそっちに置いてある。駅前に月に5000円くらいで駐車場を借りられるから、東京から電車で駅に着いたら自家用車ですぐに別荘に行ける。

小林　不動産サイトで熱海のリゾート物件を捜すと、中古の温泉リゾートマンションが200万円ぐらいで買えるの。安さ爆発だよ。

柳瀬　別荘地じゃなくても、東京の通勤圏内だった国道16号線沿線沿いのマンション、たとえば川越あたりの60㎡くらいのマンションが、いまでは500万円台で買えちゃったりする。僕らが仕事を始めた80年代バブルの頃って首都圏の地価が高騰して、16号線エリアにマンションや一軒家を買った人って数多くいる。当時は3000〜4000万円くらいで買った4人家族向けの郊外マンションの値が数分の一になっているんだよね。

小林　トホホだね。東京郊外のニュータウン構想なんかも鳴り物入りで推進されたけれど、いまやかなり人がいなくなってるみたいだし。

柳瀬　まさにそんな西武池袋線沿線の郊外マンションをバブル期に購入した知り合いの大企業の部長さんに聞いた話だけど、当時はけっこういい値段だから、新築で購入したのは若いお医者さんや弁護士や地元の土地持ちの息子や、あるいは彼のような大企業のサラリーマンが中心だったのがバブル崩壊以降、こうした地元セレブたちはどんどん出て行ってしまい、価格が新築の時の数分の1になり、住人の層ががらりと変わってしまった。するとマンションの管理組合の運営がうまくいかなくなる。マンションは「マンション組合を買え！」というぐらいで、価値を維持するのは、住んでいる人たちが作っている組合がきっちりしているかどうかで決まる。マンションって10年ごとに細かく修繕をかけていかないといけないから、その都度いくら修繕にかけるかを組合で決めて行く必要があるんだけど、こうした話がまとまらなくなったりする。話をしてくれた大企業の部長さんは、現在そのマンションの組合長だそうだけど、会社の仕事よりマンション組合の運営のほうが大変だってこぼしていた。

小林 なるほどね。下手したら組合費が積み立てられない。

「シェアリング・エコノミー」の時代へ

小林 こうしてセカンドマーケットを見ていくと、本当に「新しいほうが価値あるもの」と「そうじゃないもの」の差異がはっきり出てきたというわけだよね。

柳瀬 供給が十分間に合っていて、耐用年数がある程度見えているものに関しては、セカンドマーケットに一回渡ってきて、評価が見えてから判断するのでも遅くないものが増えたよね。

小林　シェアリング・エコノミーだね。書籍『シェア』を監修したけれど、あの本が出た当時、皆「他人と同じものを使うことに抵抗がある。アメリカの話ですよね、それ」って言うオジサンが多かった。しかし、アメリカだけじゃなく、世界各地で起きているムーブメントで、あの本で紹介されていた「エアビーアンドビー」(★4)なんて、いまやすごい時価総額だよ。

柳瀬　よくよく考えてみると、個人所有するんじゃなくて「シェア」したほうがいいものっていっぱいあるよね。会社の傘立てに刺さってるたくさんのビニール傘みたいに。あれ、いちいちどれが自分のだったかなんてチェックしないよね。お互い傘が必要な時に使っている。

小林　ただ、それだけだと利益が生めなくてまずいね、ってところは、モノを作るのではなくて、それをバックアップするサービスを売ることになる。

柳瀬　シェアリング・エコノミーをサービス化して「そこにお金を払いましょう」というビジネスにする。「使用権を買います」。

小林　もう新車が売れないことがわかっているんだったら、もう車はシェアにし

★4
エアビーアンドビー(Airbnb)：個人の空き部屋を貸したい人と、宿泊場所を探している旅行者をマッチングさせる、世界規模で展開するウェブサービス。2008年8月創業以来、世界190ヵ国、3万4000都市で宿泊可能なサービスに急成長した。http://blog.airbnb.com/

ちゃって、それを分厚くサポートするなり、あるいはそこに加入したくなるようなブランドをどう構築するかという話になる。生協のカーシェア・バージョンみたいな。

柳瀬 さっき話した週末別荘なんかも、いちばん問題になるのはメンテナンスだったりする。そこで、たとえば田舎で過疎化の進んだ住宅街を都会の人がシェアする。メンテナンスは地元の人たちに定額でやってもらう。お掃除サービスや空気の入れ替えなんか。雪の積もる場所だったら雪かきだとか。すると、住んでいない時間も地元に都会のお金が落ちるようになる。

小林 いいね。港があるところだと、ヨットをシェアしてその停泊港にしたり。

柳瀬 もともと、昔から別荘地がやっていたことなんだけどね。それを別荘地だけじゃなくて、過疎化の進む地方のいろいろなところでできるようにする。それはある種の「シェアリング・エコノミーのサービス化」だよね。

小林 実家が軽井沢の近くで、うちのおじさんが不動産屋をやっていたんだけど、冬の軽井沢って寒さがきついのね。だから水道管が破裂しないようにメンテしてあげたりとか、いくつかの別荘の管理をしたりして、ロングテール的にお金をもらっていた時があった。知られていない話だけど、場所によって湿気がひどいから木材がすぐダメになる。知らない金持ちが別荘を買って、痛み具合に驚いて転売するといったことも。それで地元の経済圏が回っていたりする。まあ、あくまでおじさんの個人的談話なので、誇張があるかもしれないけど（笑）。

柳瀬　わはは。もともと療養地でもあるから、旧軽井沢は湿気が多いって、別荘を持っている友人も話していた。

小林　そういう地域に別荘を持っている人は夏だけ来るでしょう。そういった夏だけ来た人のために、レストランをやったりカフェをやったりしている人たちがいるのね。普段は自分たちの居住地のほうで農業とかやっているんだけど、夏だけ別荘地側で小商いをやって、すごく稼ぐ。あとの季節はのんびりやるだけ（笑）。

柳瀬　地域ごとに週末別荘のメンテナンスビジネスを立ち上げることができれば、週末別荘マーケットはもっとカジュアルに販売できるんじゃないかな。ゴルフみたいに会員権ビジネスにしてもいい。最初にまとまったお金を支払って、あとは使った時だけ使用料を払う利用者を募集する。

小林　そうした施設をシェアリングすることもできる。インドで別荘シェアリングのサービスがあるよ。

柳瀬　さっきも触れたけど、別荘は必ずしも毎週末行くとは限らないから、友人や親戚同士でシェアしたほうが効率がいいかも。

小林　それ、友人たちがやり始めているよ。山梨で古民家を買って、3人ぐらいでシェアしているの。日程が重ならないように、お互いがイベント系の「カレンダー共有アプリ」を使って連絡を取り合っている。

柳瀬　結局、地方にいてもたいがいの場所ではインターネットが使えるし、インターネットが使えればアマゾンで買い物ができて、ヤマトの宅急便がすぐ持ってきてくれる。

小林　つまり、都会と田舎のカルチャーギャップがなくなった。

柳瀬　昔、出版社が作家を缶詰にするための別荘を持っていた。今やネットでどこでも仕事はできるんだから、プログラマーとか、ITベンチャー用の別荘シェアハウスなんて、房総半島の館山の向こうとか、三浦半島の先っぽのほうにあってもいいんじゃない？

小林　たしかにね。昔ニューヨーク市が80年代に、新人作家に奨励金を出して環境の良い住居に住まわせて、1年間で新作を書かせるということをやっていた。そのアイデアは、まさにいまのクリエイターのために使えるかもしれないね。

柳瀬　面白い現象がここ数年起きているのが、さっきこばへんが話していた軽井沢と、鎌倉＋逗子＋葉山。どちらも戦前からの別荘地で由緒もあるんだけど、ここ数年ベンチャー経営者やデザイナーやアーティストや各種クリエイターの人たちが、週末の住まいや半定住の別宅を構えて、ちょっとしたにぎわいができている。フェイスブックで見ていると、土日はどちらのエリアにも必ず複数の起業家やＩＴ業界関係者がいる感じ。こばへんが言ったポートランドに高感度な連中が移り住んでいるっていうのとちょっと似ている。ＩＴでどこでも仕事ができるようになったら、「ノマド」状態がコモディティ化して、結局、直接顔をつき合わせてわいわいやったほうが、バーチャルでやりとりするよりいいものができる。つまり競争力がある。そしてそんなクリエイターや起業家相手のイケてる店が、それぞれの地元に増えて新しい街ができる。グローバルに活躍する人たちの消費が、個別の地域を元気にする。さっきもあげた『年収は「住むところ」で決まる』で、著者のモレッティ教授がポートランドやシリコンバレーの隆盛を分析したのと同じことが、日本でも起こりつつある。

小林　それをもっと流動化しやすくするようなスキームを作るといいよね。それは行政の仕事だと思うけれど、率先してやる人材がいるのかな。

柳瀬　問題は、週末別荘を所有したり利用したりする時に、税制優遇しないと、たとえ安くても普通のサラリーマンにはなかなかお金が払えない。だからむしろ、過疎化に悩む地域は、税制優遇を売りにして週末別荘マーケットを売りに出すという戦略が必要なんじゃないか。人が集まれば消費が発生するし、ビジネス系の人たちが集まれば雇用も発生する。東京以外は人口が減っているけど、たとえば東京に住んでいる一人の人間がもう一ヵ所住む場所を持ったら、人口が倍になるのと同じ。養老さんの言うように「参勤交代」ですよ。

小林　それはいいね。シフト制にして、東京を常に500万人くらいしかいないようにしたら、年末年始で帰省中の東京みたいで、すごく住みやすくなる。

柳瀬　東京が常に「帰省中の東京」になったら、都心も住みやすくなる（笑）。

小林　もうモノに価値はないとすれば、サービスを価値化していかないといけないわけだけど、そのサービスのブランドを作りあげるのは、一種の統合力というか、「雑多なものから掛け合わせて価値を生む力」だったり「ユーザー体験の設計」だったり、単純な技術力とはまた違うものだよね。

柳瀬　それって一言で言うと、結局「人気者の世界」じゃない。だとすれば、「感性マーケティング」になるね。インチキな感性じゃなくて、人々の「好き」をどうやって進化心理学的に精査して集めるかがカギになる。

既成概念に縛られずに、どう世界に出て行くか？

柳瀬　「食えなくなった」という意味では、音楽業界も大変なことになっている。でも、被災地応援ファンドなどの活動をやっているミュージックセキュリティーズの小松真実さんの話が面白かった。彼の仕事の中心は社名の通り、ミュージシャンのファンドを作って、音楽ビジネスにマイクロファイナンスの手法を持ち込むこと。このモデルで音楽だけじゃなく、日本酒の蔵元から東日本大震災の被災地の支援までを行ったんだけど、本業の音楽で一番成功させたのが、名古屋のヒップホップ・ミュージシャンＡＫ－69。インディーズでずうっとやってきていて、いまやファンドで集めたファンの力もあって、なんとアルバムを10万枚ぐらい売っちゃう。今の日本の音楽マーケットで「アルバム売上10万枚」って言ったら、10年前の50万枚ぐらいの価値があるでしょう。ＡＫＢ48やジャニーズを除くと、メジャーアーティストでも10万枚なんてほとんどいかないご時世だから。音楽ファンドでお金を集めてデビューして、10万枚売れる仕組みを作って、アメリカに呼ばれて向こうでデビューして……サクセス・ストーリーだよね。

小林　今までの日本の成功モデルだと、国内で下積みを重ねて人気が出て、日本国内でトップを取ったら「ニューヨーク進出！」とか言って、でも向こうではほとんど何もできなくて、何事もなかったかのようにいつの間にか帰ってくるパターンがほとんどじゃん。「ハリウッド映画の端役で使われて」みたいな……。

柳瀬　「海外進出」と言ってもそれでおしまいってね。

小林　だからもう、いきなりインドとかでデビューさせればいいんだよ。

柳瀬　今や十分あり得るよね。特に音楽だと、インスト系の面白いアーティストだったなら、国境って関係ないものね。

小林　テレビのワイドショーで見たネタだけど、GILLEって女性シンガーが、AKB48のカバー曲を手作りっぽいビデオでユーチューブに上げたところ、290万回も再生されちゃって、しかもアジア圏でけっこう見られていたから、もうそのまま世界デビューしちゃったって。

柳瀬　すぐにでも世界に出て行けるよね。

小林　これはソフトブレーンの宋文洲（そうぶんしゅう）氏が言っていたけれど、「子象の時から木につながれて育った象は、でかくなって大人になって、もうその木を楽々と倒せるのに、なぜか逃げない」んだって。同じことがビジネスにも言えて、本当はもういろんな手を使って世界に出ていけるのに、なぜか出ていけないという。

柳瀬　概念としての「柵」から外に出なくなっちゃうんだね。

小林　そう、フレームワーク化しちゃっているの。そういう自分も思い当たることがいっぱいあるんだけどね。けっこう「自分でコンフィグを書いちゃっている」(★5)みたいなことってあるんだよね。「いきなりシリコンバレーに行っちゃいけない」とかね。

柳瀬　分かる、分かる。

小林　「やらない理由」を先に見つけちゃうんだよ。

柳瀬　ユーチューブから世界デビューするシンガーが生まれたりする一方で、日本ではサイバーテロと違法ダウンロードに対する罰則を法制化する(★6)ようになっちゃった。

小林　でも、「違法ダウンロードがあるからCDの売上げが下がった」というその相関の根拠って、どうなんだろう。ウィニーが問題になった頃の話だけど、慶応大の田中辰雄(たつお)さんが、「ウィニーでのダウンロード回数が増えてもCDの売上は減らない」という調査結果を発表していて(★7)、むしろダウンロード回数がすごく増えた時に売上げも上がっているという数字も出していたのね。だからここ

★5
コンフィグ(Config)：「設定」を意味する単語コンフィグレーション(Configuration)の略。IT分野では、OS、アプリケーション、サーバーなどの設定を指す。

★6
違法ダウンロードに対する罰則を法制化：2010年1月に施行された著作権法の改正によって、違法にアップロードされたコンテンツをユーザーがダウンロードすることが違法となり、さらに2012年10月1日から施行された改正案(ダウンロード罰則化)により、刑事罰の対象にもなった。

★7
たとえば以下を参照。

数年言われている違法ダウンロード刑罰化の論調は、集団ヒステリーにならないよう慎重を期すべき。まずフリーミアム的にコンテンツを流通させ、認知されたうえでどういうビジネスモデルを作るかという、「創造性」なき防御姿勢では次の市場は生み出せないばかりか、既存市場をシュリンクさせる可能性もあるよ。そもそも定額で音楽聴き放題のスポッティファイのような超人気サービスすら生まれない。

柳瀬 アメリカの場合、そもそもナップスター（★8）が出た時、みんなタダで音楽をダウンロードできるようになってしまい、音楽業界からの猛反発が起きたんだよね。ナップスターが裁判で負けてダメになった後に、合法的なダウンロードサービスとしてiTunesが出たら、やっぱり市場はiTunesを経由してダウンロードで購入するほうに移っちゃった。「ダウンロードが違法か合法か」というのは、音楽市場の変化にとって本質じゃなかった。むしろ「音楽の購入の仕方のトレンドが変わった。CDショップで購入するよりネット経由で購入するほうが楽でいいじゃん」という変化のほうが本質だった。

そんな時代に前に出てきたミュージシャンって、パフュームやきゃりーぱみゅぱみゅやそのプロデューサーである中田ヤスタカだったり、クレイジーケンバン

http://internet.watch.impress.co.jp/cda/event/2005/03/08/6754.html

★8 ナップスター（Napster）：1998年、当時アメリカの大学生だったショーン・ファニングが開発した、ウィンドウズ用のファイル共有ソフト。MP3などのファイルをインターネットに接続されたコンピュータ間で共有することができた。

ドだったりと、インディーズでインディペンデントな人たちにコアなお客さんがつく。初音ミクだってそう。インターネットを介するとなんと一気に世界中からファンがつく。つまり「村の中心の人気者」になる。そして趣味を同じくする「スマホを持った原始人」たちが自主的に集まってくる。

ＡＫＢ48だって、２０００年半ばにスタートした時は秋葉原のイベント会場にお客さんが数人しかいなかったわけで。ライブを軸にファンを地道に形成していったという意味では、前述のグレイトフル・デッドと同じような側面がある。従来のテレビからいきなりスターにする仕組みで人気を獲得したわけじゃない。

インターネットがない時代、ユーチューブや iTunes がない時代は、テレビを使ってマスマーケットにリーチしてはじめてお客さんを開拓できた側面があった。その一方で、遠く海外の人をファンにするなんていうのは難しかった。

そもそも、音楽のように趣味性の高いコンテンツは、インターネットを介して、「特定少数」のお客さんを集められるようになると、マーケットにおもねって中途半端にメジャーな音を作るよりも、好きな人にだけ好かれる音を作ったほうが結局ビジネスとしても成立しやすい。

小林　今の話を聞いていても思うのは、やっぱり今って市場原理というよりも、心の問題かなって。「こういう楽曲がアイドルだ」みたいなことを規定しているのって、実は業界の側で、マーケットの声じゃないんだよ。さっき言った「自分でコンフィグ書いている」話じゃないけど、「アイドルはこうあらねば」みたいな自主規制というか、心理的なバリアみたいなものに縛られちゃっているの。

柳瀬　皮肉にも「バリアのないやつのほうが勝っている」。

小林　それってソーシャルゲームもそうで、パッケージゲーム屋さんが追い込まれた要因のひとつに、ゲーム愛が強いベテランたちは、「ゲームはこうあらねば」みたいな固定観念があるから、ストーリー性から何から完璧な世界にしようとするんだけれど、作り込みすぎちゃって、結局大変になっちゃう。

一方でサイバーエージェントなんか見ていると、新卒社員にどんどんプログラムを覚えさせて、書かせて、その子たちがチョコチョコ作ったゲームのほうが打率がすごく高くなってきている。「俺たちの世界観が」とか言っているおじさんたちは苦戦を強いられている。気持ちはわかるんだけどね。

柳瀬　「べき論」のほうに行っちゃうんだよね。これ、テキストメディアでも同じかもしれない。

小林　一時期ツイッターが流行り始めた頃、前からブログをやっていた人って、けっこうツイッターを敵視していたり。でも、それ以前に出版をやっていた人間には、「ブログなんて」という固定観念がある。もっと遡れば、手書きの人が「活版印刷」なんてと言っていたとか（笑）。

第7章

「SF力」で未来を編集せよ

テクノロジーに先んずるのが人間の妄想力＝「ＳＦ力」

柳瀬　以前、星新一を読み返していたら、すごいことに気づいてね。1970年の時点で、すでに星さんは「未来社会では、あらゆる会話が広告化している」という話をショートショートで書いていたの。それを今はフェイスブックの執行役員をされている須田伸さんに話したら、須田さんが当時『日経ビジネス オンライン』でやっていた『ＷＥＢ2・0の広告学』で紹介してくれた。

ひとつは「宣伝の時代」（『だれかさんの悪夢』収録）（★1）。人々の動作が全部広告になっている。あくびをしたら「疲労回復の栄養剤には××か」、くしゃみをしたら「風邪には××錠だな」。小説の登場人物が喋る言葉がいちいち全部広告になっている。「住宅問題」（『妄想銀行』収録）（★2）では、主人公はタダでアパートの一室に住んでいるんだけど、その代わりに部屋であらゆる道具を使うたびに広告が流れる。冷蔵庫を開いても、タバコに火をつけても。そんな話を、今から40年以上も前に書いていたの。で、ほぼ同時期に、筒井康隆も「ＦＭラジオの番

★1
『だれかさんの悪夢』星新一、新潮文庫

★2
『妄想銀行』星新一、新潮文庫

組に30秒置きにCMが入る」みたいな未来社会を短篇で書いていた（『にぎやかな未来』1968年、『にぎやかな未来』収録）（★3）。

小林　すごいよね。リプレイスメント広告の未来を言い当てているね。

柳瀬　つまり、天才作家たちのSF的妄想力のほうが、ビジネス分野の秀才たちが作った現実より数十年も先に行っていた、ってわけ。だからね、『ゼロ・トゥ・ワン』で、ゼロから未来を創り出すのはこれからますますテクノロジーだ、とシリアルアントレプレナーのピーター・ティールは主張して、それはまあその通りなんだけど、未来を創るのは正確に言うとテクノロジーである前に、新しいテクノロジーがもたらす「未来の生活」を具体的に妄想する力のほうじゃないか、と。だって、70年代の広告代理店の人間やメディアの人間や科学技術者が思い描いていた未来像に「広告的未来」があったか？　70年の大阪万博にだってたぶんなかったでしょう。ビジネスマンでもなければ技術者でもない作家であるところの星新一は、今日のインターネット的な通信技術についてもすでに70年代にショートショートで描いていた。さらにはネットワークによる監視社会みたいな話も描いている。それって要するに、実際のテクノロジーの発展よりも先に、人間の脳みそから紡ぎ出される一番深い妄想が未来を予見したわけでしょう。その妄想がS

★3
『にぎやかな未来』筒井康隆、角川文庫

F小説だった、って話。だから改めて未来を創る上で最強の武器は、リアルな技術力の前に、こうした「ＳＦ力」＝妄想する力の方だと思うのね。

小林　そうかもしれないね。たしかアーサー・Ｃ・クラークが人工衛星の構想を発表したのが１９４５年で、スプートニクが当時のソビエト連邦によって打ち上げられたのが１９５７年だったから、やっぱり空想がリアルに先んじていたんだよね。クラークが人工衛星のアイデアを特許庁に出願したら、突飛もなさすぎて拒否されたって（笑）。

柳瀬　藤子不二雄の『ドラえもん』の中にもそういう例はあって、たとえば１９７０年代の漫画でほぼｉＰａｄみたいなタブレット型の携帯ガジェットが出てきていた。ドラえもんの歌にある「こんなこといいな、できたらいいな」という願望と妄想がまず先にあった。

小林　そういった「ＳＦ力」はイノベーションには必要だろうね。たぶんそういうのって、それこそ原始時代からあった気がする。具体的なテクノロジーまでは思い描いていなかったけど、「こうなったらいいな」とか「いつも火が燃えていたらいいな」なんて願望がこうじて、その後に竈（かまど）ができたとかね。

柳瀬　僕らが目指すべきは、星新一や筒井康隆やアーサー・Ｃ・クラークや藤子不二雄的な「SF力」=妄想力を備えつつ、150人の自分の村をいくつも持った「スマホを持つ原始人」(笑)。

千人のコアなファンをつかめ

柳瀬　さらに言うと、僕らは一方で、半径100メートル内のアイドルを目指す必要がある。自分が「村の中心人物=アイドル」として人が魅了される「何か」を発信していく必要がある。なぜアイドルかというと、その「何か」に「あなた自身」が含まれているから。自分が発信する「何か」にのみお客さんがつくというのは、よっぽどのコンテンツ能力がないと無理。でも、「あなた」という属人とセットの「何か」だったら、「買ってもいい」という人は現れる。この本で何度も言っている「スナック」や「洋品店」のビジネスがまさに「アイドルビジネス」。スナックや洋品店のお酒やつまみや洋服は、極上のものではたぶんないし、置き換え可能なものであることが大半。置き換え不能なのは商品のほうじゃなく、店主。スナックのマスターやママ、洋品店のマダムの「アイドル力」、つまり「×

×さんがいるから、つい行っちゃうんだよね」という力こそが、こうした「150人の村人」を相手にしたビジネスの不可欠なコンテンツになる。

フリーだろうとベンチャー経営者だろうと、大企業にたまたま属しているサラリーマンだろうと、お役人だろうと学者だろうと、サバイバルしたければ、自分が中心となる村の長＝アイドルになれ、だ。

小林 その「みんながアイドル」が食べていけるのかというと、ひとつ興味深い理論があるよ。元ワイアードの編集局長だったケヴィン・ケリーが「ワン・サウザンド・トゥルー・ファン（1,000 True Fan)」（★4）という理論を本の中で唱えていてね。要するに、この時代は「コアなお客さんが千人もいれば、誰でも食っていける」という説。今まではその千人のファンが可視化できなかった。だからそれだけでは食べていけなかったけれど、今やそれだけいれば十分だと。

だから昨今のローカルアイドル・ブームを見ていて思ったのは……さすがに「誰でもアイドル宣言」とまではいかないにしても、この「ワン・サウザンド・トゥルー・ファン」にけっこう近い部分がある。ある特定の対象のコア・ユーザーがどれだけついているかが大事なわけで、べつに全国区で活躍する必要もない。これはロングテール理論にも通じるもので、ロングテールの尻尾からもう少

★4
『ケヴィン・ケリー著作選集1』（「千人の忠実なファン」収録）ケヴィン・ケリー、達人出版会

し胴体（トルソー）を目指そうというもの。

柳瀬　「千人のお客で食べていける」という話は、まさに「誰でもアイドル」話とつながるよね。前にも話した『友達の数は何人？』で進化生物学者のロビン・ダンバーは、「150人」が個々の人間がお互いを友達として認識できる「脳みその情報処理の上限」と言っていた。ケヴィン・ケリーが言う「ワン・サウザンド理論」って、ざっくり言うとそのダンバーが言っている「原始人としての僕たちが持てるリアルな友達の数」にもリンクしている気がする。

小林　だけどケヴィン・ケリーの「ワン・サウザンド理論」は具体的な数値を科学的に弾き出したわけじゃなくて、「1人1万円ぐらい寄付してくれるファンが千人いたら年収1千万円になるから、まあなんとかやっていけるんじゃないの」っていうような話だよ。

柳瀬　その雑駁な話、それこそ、スナックの客単価が5000円として、1日×10人の客が月曜から土曜までの週6日、月25日に来店してくれると売り上げ×百万円、そこから家賃を払って、バイトの子のバイト代がいくらで、お酒とつまみの仕入れ、電気代水道代にいくらって計算すると手元にこれだけ残る、って話と一緒だよね。

小林　恐らく自分がウェブ上で個人ブログとかやっていれば、それが実現可能な数値かどうかの算出もできるよね。それが「1万人のファン」だとけっこうハードルが高いし、「100人ぐらい」だったらもう早いところ達成しちゃいなさいよ、って話かもしれない。

柳瀬　ウェブでいうと有料メルマガみたいなので、週数回更新して月1000円払ってくれるお客さんを何人集められるのか、という感じだろうね。

小林　ニッチなお客さんと50人のコアなファンで自分の店を回す、あるいは自分自身の生計を立てていくということ。それもまた、ロングテール時代のサバイバル術だよね。

「わざわざ」を商品化すること

柳瀬　アマゾンって、最初出てきた時、うまくいくわけないって言われてたよね。本みたいに多品種少量で単価も別に高くない商品を網羅的に扱うなんて、コストから見たら絶対に見合わないって。なのに、なぜジェフ・ベゾスはインターネットで本を売ろうとしたのか。ベゾスはたしか創業時点で言っている。「本という商品は値引きする以外にリアル店舗とまったく差がつかないから、ウェブ販売に一番向いている」って。たしかにアフターサービスもメンテナンスもいらないよね、本って。逆に言うと、アマゾンの業態ではできない「サービス」を商品化しない限り、リアル書店はアマゾンに敵わない。

小林　そのとおり。だって仕入れ商材は全部一緒。差別化できないからね。

柳瀬　すでに触れたけど池袋でやっている天狼院書店とか、下北沢のB&Bとか、千駄木の往来堂書店とか、店主の顔が見えていて、しかも積極的にライブ活動を行っている書店は、元気がいい。アマゾンとは「別の何か」を売っているからだよね。天狼院書店は、女の子をインターンシップで次々と採用しているけれど、彼女たちはもともと「お客さん」として天狼院に来ていた子たち。あの店は、カメラ部を作ったり、雑誌部を作ったりして、書店を起点にお客さんを巻き込んだ有料クラブ活動を積極的に行い、常連ファンをとても強い力でつかんでいる。そこからなんと店員になっちゃう子まで出てきている。海賊盤を作っていたファンに、正規のライブアルバムのレコーディングをさせたグレイトフル・デッドとおんなじだ。いつも可愛い子、しかも本好きな子が店番をしているっていう点では、スナック的でもある。

小林　その意味では、カメラ屋とかもスナック型はアリだと思っていてね。写真好きがお店に来て、ダベるの。「いや、それだったらこの機材、ちょっと使ってみる?」とか言って（笑）。

あとね、これは80年代からずうっと思っていたことだけど、「なぜ人は本屋にわざわざ行くのか?」って問題を本当に考えている本屋ってあるのかな、ってね。昔はインターネットもなかったから、企画や仕事に詰まった時に本屋に行くと、ちょっとした書名を見ただけでアイデアが閃いたり、立ち読みで触発されたり、その扱う世界の広さにたまげたわけじゃない。

似たような話を村上龍が書いていたよ。『走れ!タカハシ』って小説の中に、主人公が書店に行くシーンが出てくるの。それで「世の中にはこんなにたくさんの本がある。読みきれねえ!」って言って落ち込むみたいな話。でね、かつての本屋ってまさにそういう場所だったけど、インターネットが出てきた時点で、もうそうした機能はある程度ウェブや集合知にお株を奪われてしまった。それに時間の浪費もね。じゃあ「何のためにリアル書店が存在するのか?」ってところが、改めて突きつけられている。

柳瀬　キーワードになるのが、今こばへんが言っていた「わざわざ」。たいていの用件がネット上で済まされる現在、その「わざわざお店に行く」という行為をアミューズメント、エンターテインメントとして商品化できない限り、リアル店舗はネットの店に勝てなくなる。

そこで目指すべきは、ディズニーランド。ディズニーランドや大阪のユニバーサルスタジオジャパンって、入場料を数千円とった上で、園内で一人当たり数千円のお土産と数千円の飲食代をお客に払わせている。つまり「わざわざ」に値段をつけた上で、小売店としても飲食店としても成果を上げている。百貨店は入場料無料でしょ。もともと消費のアミューズメントパークとして始まった業態なんだから、ディズニーランドに負けないくらいのわざわざを売りにして、訪れた客に買い物も飲食もしてもらわないと。

インターネットでもコンテンツは供給過剰なわけで、こちらはある意味でリアル店舗以上に「わざわざ」合戦に勝たないと、誰も訪れてくれなくなる。すごくカネをかけたサイトを立ち上げても、まったくアクセスがない。大企業のオウンドメディアにありがちだったりする。

じゃあ、ネット上で人を惹きつける「わざわざ」っていったいどんな付加価値なんだろう？　ひとつはコンテンツに〝熱さ〟が込められているかどうか、じゃないだろうか。

小林　〝熱さ〟もあるだろうし、もうひとつはスピードだよね。

柳瀬　たしかに「熱さ×スピード」になるね。新聞のようなニュースメディアの場合、アドバンテージはスピード第一だった部分があった。でも、いまや新聞記事のようなニュースですら〝深さ〟や〝熱さ〟が掛け算で入らないと「わざわざ」読んでもらうのはむずかしくなっている。すると、やっぱり「編集」の力が……。

「ＳＦ力」で未来を編集する

小林　いわゆる編集力みたいなものは、別に出版業界じゃなくても遍在しているよ。とても優れた社長なんかがパッと見抜いて「じゃあ、これで売れればいいじゃん」って判断を下している場合も、言わばその現場で編集しているようなものだからね。

柳瀬　優れたビジネスパーソンは「未来を編集する」、さっきの「ＳＦ力」をテコに。仕事における「SF力」って「未来を編集する能力」と言い替えられるかもしれない。ドラえもんの歌詞のように、ダイソンなんかはまさに「羽のない扇風機があったらいいな」という願望をポンと実現してくれた。

小林 たぶん何か既存のルールから考えるんじゃなくて、一瞬にして座標軸がすべてつながるような気がするんじゃないかな、「SF力」って。だけど「この一線を超えるとユーザーはついてこないな」とか、そこの極めて高度な見極めやバランスをうまく取れているのが、すぐれた「SF力」のような気がする。

柳瀬 すごい商品やサービスやコンテンツって、できあがってみると、論理的にも見事だから、後からだと、直列型の「物語」としてきれいに論理的にその成り立ちを語れちゃったりする。でも、実際にすごい商品やサービスやコンテンツが生まれる瞬間って、当事者の中で、いろいろな要素、思いつきや経験や論理や出会いや偶然が横一列にぱーんと並んだ時、ぽんと答えが出てきたりしてできあがるってところがある。あとから説明するときは、一本の物語にするしかないんだけどね。

小林 多くの人は、それを多面的に分散処理できないから「じゃあ、そこの平面で、X軸とY軸だけを一生懸命掛け合わそう」として、Z軸は置き去りになったりとかね。

柳瀬　たとえば、クロネコヤマトの宅急便を発明したヤマト運輸の小倉昌男さんは、スタートする前にすでに全国の家庭に商品が毛細血管のような物流網に乗って届く全体のイメージと、宅急便を家庭のお母さんに届ける具体的なイメージとを完全に固めていた。セブン-イレブンを創ったセブン&アイ・ホールディングスの鈴木敏文さんにしても、アマゾンを展開したジェフ・ベゾスにしても、巨大なネットワークに乗ったサービスの完成図をスタート前から思い描いていた。彼らはまさに強力なSF力で未来の絵図を予想した上で、論理的に具体的にサービスを展開した。だから当初の投資が膨大になろうとなかなか黒字が出なかろうと、あせらずに自分の描いた絵の完成に邁進できた。映画監督や映像作家や漫画家や小説家だって、実は1本の物語を描くにあたって、曼荼羅図のような世界観を先に作り込んで、その世界の中で動く物語を探す、というプロセスを取る人が少なくない。

小林　まあ、未来からの逆算だよね。

柳瀬　まさに、未来にはすでにあるはずの商品やサービスや世界そのものを想像して、それをばらばらに分解していく。ある種のリバース・エンジニアリングだよね。

出品者のストーリーを売る

小林　ちょっと前までは「今の日本人にとってのヤフオク」みたいなECサイトが、アメリカでは「イーベイ」だった。で、今むしろそれに成り代わって主婦層の間で注目を集めているのが「エッツィー」。これはもう、どちらの規模がどれだけとかいう話じゃなくて、そういう流れがあるという話ね。

イーベイは普通にそこらにいる誰もが身の回りの不用品を売っていて、出品物はセコハンが多い。かたやエッツィーは、基本的に「自分で作ったもの」を販売している。そこにはその人なりのストーリー紹介があって、それがめちゃくちゃおもしろいのよ。「僕、最近離婚しちゃって、今このガレージでこれを作っているんだけど」とか言って、それに対して「私は貴方を応援します」って顔写真付きで応援するほかのユーザーが何十人も出てくるわけ。

柳瀬　それってまさしく皆が「俺のスナック」を開店している感じだ。

小林　そうなんだよ。なんかあらゆる商業的なものは、それこそエッツィー的な物語のやり取りに収斂するんじゃないかな、って。

柳瀬　「いやあ、昔バンドやってたんだけどさあ」みたいなマスターの話に「あの親父の話、おもしろいんだよ」と相づち打ってくれるココロ優しいお客さんがいたり、「あのお姉さん、色っぽいと思ったら元女優だったんだって」と噂したり、というスナックの魅力と同じだね。エッツィーも結局のところ、出品者の物語というか「人」を売っているわけだよね。

小林　そうね、だからエッツィーは、モノを買わなくても、見ているだけでおもしろい。で、今度は出品者を応援している人たちが気になって「この人たち、何を応援しているんだろう？」と思って見ると、またおもしろい。どこから入っていってもコンテンツになっている。

柳瀬　結局それはエッツィーの何を見ているのかというと、「人」を見ている。

小林　だから彼らは手作り製品を介して、彼ら自身のストーリーを売っている。で、まあ、それでそのストーリーが乗っかっているモノまで良かったら、買っちゃうよね。あれは他にも応用できそうだけど。

柳瀬　イーベイもエッツィーもそうだけど、データでやり取りできる、究極の合理性の部分がインフラとしてあるとして、従来型の「便利」を突き詰めるウェブメディアとは別の形のメディアがあるとしたら、「マスターになる人をスナックのマスターにする」。

小林　「作られた全国区のアイドル」か「会える近所のアイドル」か、みたいな?

柳瀬　その意味で言うと、「全国区のアイドル」を「会えるアイドル」化したという秋元康さんは天才だよね。

小林　時代状況も含めたところで、たぶんそういうふうにならざるを得なかったことを予期していたんだろうね。「キックスターター」とかもそうでしょう。要はそいつの物語が売れるかどうか。モノは出つくし、そして物語だけが残ったみたいな。

あえてウェブを「遅く」すること

柳瀬　インターネットって、「誰でもメディア」になれるけど、大半の人はやっぱり傍観者であり、テイカー=受け手のままだから、リスクを取ってコンテンツを作ってタダで公開しているギバー＝送り手に対して無責任に文句を言うだけっていうのがけっこう多い。典型が、「このサイト、広告があって読みにくい」という文句。たしかにそうなんだけど、タダでそのコンテンツが読めるのは広告が入っているからなんだよね。文句を言うのはもちろん自由だし、その手の文句が出ないように、むしろ広告ですらコンテンツとして喜ばれるように努力すべきなのは、ギバー＝送り手側にとって永遠の課題なんだけど、それとは別に、タダで読んでるお客さん、そんなにえらいもんでもないよ、というのはある。

小林 それはインターネットに対する大きな勘違いがあると自分も思っていて、要はネットワークというのは「ギブ・アンド・テイク」なんだよね。「ギブ」できるものが何もないのに「テイク」しようとするのはネットワークじゃなくて、一方通行。で、多くの人はみんなテイカーなので、ネットに寄与しない。ギバーでもないのに、ネットは「タダ乗り」だと怒るコンテンツ会社の人と同じ。そのコンテンツを製作したり宣伝する過程でデータをやり取りしたときに、お金払ったの？と聞きたい。

柳瀬 速報性こそウェブの強み、ってイメージがあるけれど、あえて「遅くする」ウェブコンテンツがあってもいいんじゃないかな。先んじてスクープとして出せるけど、やらない。むしろ他のメディアのコンテンツが出そろってから、参戦する。

小林 「スローウェブ」の話だね。実際にその流れはうっすらとではあるけれど、感じている人は少なくない。

柳瀬 ウェブでなぜ「炎上」が多発するかというと、見出しや映像をちょっと見ただけで「いらっ」とした感情を、ウェブではすぐにテキストとして発信できちゃうから。実生活だったら表に出さない「本音」を丸出しにしちゃう。

これ、ウェブがもたらした恐ろしい変化だと思う。現実に目の前に人がいたら、かなり腹の立つことがあっても、そう簡単に普通の人は声を荒げたりしないでしょ。コミュニケーションが崩壊するから。でもウェブ上では、誰もが「瞬間湯沸かし器」になってしまい、感情をただ漏れにしちゃう。

だから、ウェブコンテンツは構造的に「考えが足りない」ケースが散見される。時と場合によるけれど、考える余地＝時間をインターネットを使う人、読む人に与えた方がいい。いっそすぐに書き込めないようにするとか。「これ、投稿してほんとにいいですか？」と念を押す画面が出てくるとかね（笑）。簡単に付和雷同で「いいね！」押して「いいの？」とか。

小林　だから、自分のフェイスブックのタイムラインを見ていても、簡単に陰謀論に与する人が少なくない。「いいね！」って実は怖いんだよ。「いいねファッショ」（笑）。

自己発言を「デザインする意志」

柳瀬　かつてこばへんがウェブの発達で「誰でもメディア」の時代になったと看破したけれど、そうなったいま、テキストの価値が大きく変わった。ある意味では、下がった、と言ってもいい。なぜならば、メディアにテキストを書くのって昔は特権的な行為で、書けばメディアが伝えてくれる。つまりアウトプットになったけれど、今や誰もがウェブでテキストを発信できるから、逆にただ単にテキストを書いただけじゃ、アウトプットしたとは言えなくなっている。

小林　というと？

柳瀬　ホントのアウトプットって、単にテキストを発信することじゃなくて、そのテキスト＝考えをベースに「具体的に人や社会や市場を動かすこと」だよね。

政治的なアクションかもしれないし、エンタメかもしれないし、ビジネスかもしれないし、はたまたNPOみたいな社会活動かもしれない。どんなにすごいアイデアを考えて、それをテキストにして無料サイトに掲載して、仮に百万人に読まれたとしても、ウェブのコンテンツがいくらでもある今、アウトプットしたとは言い切れない。インターネットのない時代の新聞やテレビだって、あくまでメディアとして情報発信をするだけだったけど、他に手だてがなかったからメディアを介しての発信で市場や社会が動いた部分はたしかにあった。インターネットの隆盛でメディアがあらゆる人の手に入った今、メディアで発信するのはとっかかりであって、主役はその先の行動のほうだったりする。メディア経営者だったこばへんが、まさに『MAKERS』で語られていた3Dプリンターの世界に自分自身を3Dデータ化するスキャン・サービスの当事者として参入しているのが、その象徴だよね。

小林 自分の場合、そこで考えるべきなのが「デザインする意志」だと思っているのね。自分の役割によって社会をどういうふうに動かしたいかという意味での「世の中との接点をデザインする意志」。それがないと、単に脊髄反射的な反応の応酬になって、本物のアウトプットにつながっていかない。だからアウトプットという意味で言えば「この発言を読んだ人々はどうなるか」というのをデザインする志があって、アーキテクチャーのデザインについても考えなくてはならない。その意味で、ベンチャー・ビジネスの原点も「デザインする意志」かなって。

ウェブというのは、昔誰も信じていなかったのに、いまでは逆にある意味ではそのインプットだけでも社会が躊躇なく動いてしまうわけ。「じゃ、新宿に行って、今からヘイトスピーチをやるぞ！」と言ったら「集まりまーす、行きまーす！」ってなっちゃう。

柳瀬　皮肉なことに、ハッピーなアウトプットはメディア単体では難しくなっているのに、ネガティブなアウトプットはメディア単体で容易にできちゃう。今や「辛口批評」よりも「甘口のヨイショ」のほうが、はるかに貴重だったりするでしょ(笑)。そもそも辛口批評ってもう意味がないよね。みんなウェブじゃ辛口なんだもん。

小林　それ、おもしろい。「辛口が潤沢化した」(笑)。

柳瀬　辛口がコモディティ化している。自分の仮想敵に対して、ネガティブに発言するのが当たり前になっている。右も左も辛口評論家ばかり。たぶんその対立構造はとっても不毛で、それだけが商売になっちゃっている人まで出てきている。

でも、社会からすれば、そんな辛口プロレスよりも、「あ、こうしたらみんな嬉しいな」と思わせる、おためごかしじゃないポジティブでハッピーなコンテンツが本当は欲しいはず。それって、相手がいて初めて成立する辛口悪口よりもけた違いに難しい。まさにゼロ・トゥ・ワン。創造することだから。

小林 たとえばちょっと前に話題になった「グリーン車をめぐるツイート炎上」(★5)も、やっぱりあそこで顔が見えていない相手に対するバッシングの仕方とかって尋常じゃない。相手が知ってる人間だったら「あいつ、まだ若いから」とか言って、ちょっとクギを刺す程度だったりする。つまり「長い目で見てやろう」というのがあるけど、ネットは長い目では見てくれない。その場で辻斬りだから。いや、虐殺か（笑）。

柳瀬 最後は、お互いが「俺は間違ってない」「あたしは間違ってない」と極論になり、辻斬りし合っちゃう。そのあとも、ベビーカーって子どものためじゃなくて親が楽をするためのものだ、と書いたライターの記事が炎上したりと、似たようなケースが何度も出ている。

こういう話って、弱者にはやさしく席を譲ろうという原理原則と、あとはその場その場の個別対応じゃないか、と思うんだよね。電車やバスの中で赤ん坊の泣

★5 グリーン車をめぐるツイート炎上：2014年の新春、超混雑状態だった東海道新幹線の若い女性客が「立っているお年寄りや子どもをグリーン車に座らせるべきだ」とツイートしたところ、批判が殺到して突如炎上状態になった出来事。

き声があまりうるさかったら、内心「うるさいなあ」と思う人だっているだろう。「そう思う」のと「うるさいからあっちへ行け」「赤ん坊連れは電車に乗るな」と実際に言っちゃうのとは話が別。赤ん坊だもの、親の意志とは関係なく泣いちゃうよね、とやりすごしたり、席を譲ったりしてあげるのが、まともな対応でしょ？インターネットの上では、そんな不快な内心をみんな無防備に考えもせずに出しちゃうんだよね。大騒ぎするほどの話じゃないのに。

小林　本当はちょっとした弱火なのに、ガス大爆発になるんだよ。たぶん、人々はネット・ゾンビ化しているのね。まだ生きている奴がいたら、食いついて同じゾンビ側にしたいわけ。つまり、共食い。音立てたらすごいたくさん来るじゃん、ゾンビって（笑）。しかも他でもっと大きな音がしたら、そっちに行くの。わらわらとやって来ては、最後は互いの肉を食いちぎる。で、生産的な何かが生まれるわけでもなく、その場の満腹感だけに浸る。「文化のゾンビ化」だよ。

柳瀬　言いえて妙だね、ネット・ゾンビ。

小林　しかもゾンビだから、さっき自分が食い散らかしたものも覚えていない（笑）。でも、実際に食い散らかされたやつはいるんだよ。

柳瀬　しかも食い散らかされた側も、場合によってはゾンビになる。食われた恨みが感染して、ゾンビになる。ネット・ゾンビって、まさにそれって「プラスデザイン」を阻害する要因のひとつかもね。

まあ、あまり悲観的な話で終わっても何なので（笑）……とにかく時代の流れ、とくにメディアの変容とビジネス上のニーズやマーケットの変化に対応すべく、ビジネスパーソンの行動形式も意識的に変えていきましょうということが、本書が示すべき方向性だよね。

と同時に、それはまた、これまでこばへんがずうっとプッシュし続けてきた一連の書籍……『フリー』（クリス・アンダーソン）、『シェア』（レイチェル・ボッツマン＋ルー・ロジャース）、『パブリック』（ジェフ・ジャービス）、『MAKERS』（クリス・アンダーソン）等々が提示してきたアイデアが、現実社会の個人に対して何をもたらすのかという部分とちゃんとつながるよね。

小林　『フリー』から『MAKERS』まで、要するに背景が一緒なの。実は全部つながっている。

柳瀬　それを行動主体にすると、まさにみんなが「スマホを持った原始人」＝「ハイテク・バーバリアン」＝「ギャートルズ2・0」的な人間にならないと、インターネットを前提とした世界ではサバイバルできないよ、ってね。

小林　ある意味で建設的な混沌をまき散らすことでもある。「ギャートルズ化を促すこと」イコール、セルフ・イノベーションでもある。己だけじゃなく、組織もそう。多くは効率化のために造り上げたシステムにこき使われている。オープン化によって混沌をあえて創り出し、そこから自分の価値をサルベージし卓見しましょうよと。本書の中で柳瀬さんと語り合った内容から、そのことを理解してもらえると嬉しいね。

柳瀬　まずは皆さん、インターネットによって我々は、巨大組織の一員である現代人という立場から引き離され、インターネットの荒野に放り出された「原始人」である、ということを自覚しましょう。その上で、自分がどんな「村」に所属しているか、仕事にしろ趣味にしろ、コミュニティにしろ、再確認しましょう。そして、それぞれの村に対して何が提供できるのか、考えましょう。で、どうすればいいか？　わかんなくなったら、とりあえず、近所で3年以上続いているスナックに行ってみてください。カウンターの向こうにいるマスターやママが、あなたの「先生」です。

あとがき

さて、ここまで本稿をお読みいただいた読者は、いったいこれは何についての本なのか?と訝り、頭のなかに巨大な「?」マークが立体の影付きで浮かんでいるに違いない。

メディア論? マーケティング論? 企業論? もしくは、インターネット論? はたまた仕事論? ……実はどれも正しいし、どれも微妙に違う気がする。本当はそこに線引きなんてあるのだろうか? うーん、少なくとも読者のために線引きしたほうが、本も売れるに違いない。しかし、あえて、本書はいばらの道を歩む。しかも、「原始人」ときたものだ。とにかく、一部でも多く売れることを祈るほかない。

そもそも二人は、旺盛な好奇心とオタク的偏愛をもって、「二人寄れば、烏合の集合知」を自任する。「烏合の集合知」とは、烏合の衆の集合知だ。そのまんまか。二人だけしかいないから、集合知というほどでもないのだが、そこのあなたもアクセスしてみませんか。

そんなわれわれは、二人だけのシンクタンクとして、あらゆる事象を読解し、そこに経済性を見て取る。たとえば、地権者らの高齢化に伴う都心のシャッター商店街化に着目。限界集落とは違う「大都心部シャッター商店街化」をいかに打破するかなど、頼まれもしないのにブレストするのが得意だ。はたまた、六本木のケーキ屋が女子大生から主婦になったかつての顧客を追いかけ、東急玉川沿線に移転している現象に着目。鶴見川がその最南端ラインとなるという地政学的な未来予測を行ったり等々……。

このブレスト——ダベりとも呼ぶ——につきあう人がいたら、口をあんぐりと開き、いつ終わるかわからないネタの連べ打ちに、這々の体で退散するだろう（たいがい柳瀬氏が喋りっぱなしなんだけどね）。しかし、そろそろいい歳だし、綿々と続くダベリを意味のあるなにかに止揚させるべく、われわれは、やっと立ち上がったのだ。いや、座したのか。この座談は足掛け十年以上続いたダベリのハイライトなのである（だいぶ濃度を希釈しているが）。

さて、冒頭の「何についての本なのだ?」に対して答えを急ぎたい。

誤解を恐れずに言えば、本書は、〝編集者入門〟だとわたしは思う。本書は、目の前を過ぎる事象から時代の「核」を掬い、近未来を語る二人の編集者による編集談義なのだ。この場合の〝編集〟とは、古き良き編集と、新しい編集の両義が含まれる。後者は、読了された方ならおわかりいただけることだろう。もちろん、メディア業界以外の方の立ち読み・お買い上げも大歓迎である。これまでの編集入門書は、編集技法や企画の出し方を指南する内容だった。しかし、二人の編集者は、〝編集力〟があらゆる分野のブレークスルーに貢献できると予感した。映画『スターウォーズ』でヨーダがいうところの「フォース」である。汝、編集力と共にあらんことを。時代はすでに「ギャートルズ」時代に突入した。そんな世紀を生き残るには、この「編集力」の使い方がカギを握る。珍書であるが、先端理論でもある……と思う。

最後に本書の担当編集者の安藤聡氏に御礼を述べたい。対談の始まりは約二年前に遡る。両者の時間がなかなか取れないなか、出版まで漕ぎ着けられたのは安藤氏の粘り腰と、黒ぶち眼鏡の奥の温かい眼差しのおかげである。元・書籍編集者（しかも二人）の本を担当するのは難儀であったと察する。手の内を知り尽くした同業者が、いちばんやっかいな著者なのだ。そのほかにも、いろいろとご迷惑をおかけした関係者の皆さまに、末筆ながらお詫びと御礼を申し上げます。

２０１５年1月　　小林弘人

編集協力　木村重樹

小林弘人（こばやし・ひろと）

1965年長野県生まれ。株式会社インフォバーン代表取締役Co-CEO。株式会社デジモ代表取締役CEO。ビジネス・ブレークスルー大学教授。

「ワイアード」「ギズモード・ジャパン」など、紙とウェブの両分野で多くの媒体を立ち上げる。日本初のブログ出版、オーディオブック、3Dプリント可能なコンテンツなど、つねに新たなメディアのかたちを追求。1998年、株式会社インフォバーンを設立し、国内外企業のデジタルマーケティング全般からウェブメディアの立ち上げ・運用などを支援。2012年、株式会社デジモを設立し、3Dスキャナーを用いた身体3D化サービスを行う。主な著書に『新世紀メディア論』（バジリコ）、『メディア化する企業はなぜ強いのか？』（技術評論社）、『ウェブとはすなわち現実世界の未来図である』（PHP新書）。主な監修・解説書に『フリー』『シェア』『パブリック』『MAKERS』（以上、NHK出版）ほか多数。雑誌『WIRED.jp』エディトリアル・アドバイザー。「共創」をテーマにしたメディア『cotas（コタス）』の監修を務める。

柳瀬博一（やなせ・ひろいち）

1964年静岡県生まれ。編集者。日経ビジネス チーフ企画プロデューサー。

慶應義塾大学経済学部卒業後、日経マグロウヒル社（現、日経BP社）に入社。雑誌「日経ビジネス」の記者、専門誌の編集や新媒体開発などに携わった後、出版局にて『小倉昌男 経営学』、『アー・ユー・ハッピー？』／矢沢永吉、『養老孟司のデジタル昆虫図鑑』、『日本美術応援団』／赤瀬川原平＆山下裕二、『社長失格』／板倉雄一郎、『流行人類学クロニクル』／武田徹、など数百の本の編集を行う。TBSラジオで「文化系トークラジオ Life」「柳瀬博一 Terminal」のパーソナリティも。2008年より「日経ビジネス オンライン」のプロデューサー。2012年より現職。プライベートでは、三浦半島小網代の谷の保全を行うNPO法人小網代野外活動調整会議の理事。週末の半分は、山の中でササ刈りをしたり、土木作業を行ったり、カニの数を数えたり、ムシの写真を撮っている。

インターネットが普及したら、
ぼくたちが原始人に戻っちゃったわけ

2015年1月30日　初版

著　者　　小林弘人、柳瀬博一
発行者　　株式会社晶文社
東京都千代田区神田神保町1-11
電話:03-3518-4940(代表)・4942(編集)
URL http://www.shobunsha.co.jp
印刷・製本　中央精版印刷株式会社

ISBN978-4-7949-6869-2　Printed in Japan